Ratgeber Investment

Inflation und Strafzinsen

Geld- und Inflationsschutz.

Hochwirksame Tipps, mit denen Sie Ihr Vermögen sichern und aufbauen können

---

Stefanie und Markus Kühn

Stefanie und Markus Kühn

Ellernweg 17

26655 Westerstede

Web: www.finanzen-im-griff.net

E-Mail: info@private-finanzplanung-kuehn.de

1. Auflage 2022

ISBN: 9798446253197

Inhaltsverzeichnis

Warum dieses Buch?

Seit Monaten bemerken wir bei unseren Mandanten und Kursteilnehmern, dass sie sich Sorgen um ihr Geld machen. Corona, Inflation, Strafzinsen, unruhige Börsen durch geplante Zinserhöhungen und nun der Ukraine-Krieg führen zu einer lange nicht mehr dagewesenen Verunsicherung. Seit Ende Oktober haben wir mehrere ganz kurzfristig angesetzte Webinare zum Thema Inflation, Corona und Krieg in Europa veranstaltet und sind von den Anmeldungen förmlich überrannt worden.

Unser Ansatz in all unseren Beratungen, Finanzcoaching-Kursen und Webinaren ist es: Wir informieren, wir analysieren für Sie und auf dieser Basis können Sie Ihre Entscheidungen treffen. Wir stehen nicht für Panikmache oder Rosa-Rote-Brille – wir nehmen Sie an die Hand und entwickeln mit Ihnen eine Finanzstrategie. Und derzeit gehört dazu eben die besondere Beschäftigung mit dem Thema Inflation, Strafzinsen und der veränderten Welt.

Wir haben in den letzten 23 Jahren über 10.000 Beratungsgespräche geführt. Wir haben das Platzen der Dotcom-Blase 2001, die Finanz- und Eurokrise 2008-2010 sowie den Corona-Crash 2020 mit unseren Mandanten und Kursteilnehmern erlebt. Diese Erfahrung nützt uns auch in diesem Umfeld. Aber - wie unser ältester Sohn vor kurzem sagte – da kann man mal sehen, wie sich die Welt in nur vier Wochen grundlegend verändern kann. Nicht alle Veränderungen beruhen natürlich auf dem Ukraine-Krieg, aber dieser Krieg führt auch zu einer Zuspitzung von Inflation, Börsenunruhen und Unsicherheit.

Mit diesem Buch möchten wir zum einen unseren Kursteilnehmern und Mandanten eine Orientierung geben, zum anderen aber auch Sie, die Sie uns vielleicht gerade erst kennenlernen, in diesen Zeiten unterstützen. Sie können Ihr Geld auch in dieser Zeit schützen und mehren und das zeigen wir Ihnen in diesem Buch. Immer, wenn Sie dieses Symbol

sehen, machen wir Sie auf weitere Kanäle aufmerksam, wo Sie weitere Informationen finden. Von unserem kostenfreien Newsletter, über YouTube Videos im Kanal „Clever Money", weiteren Büchern von uns bis zu unserem Coaching Kurs „Finanzen im Griff" – keine Ihrer Fragestellungen wird Sie in eine Sackgasse führen.

Bleiben Sie zuversichtlich,

Ihre

Markus und Stefanie Kühn

PS: Die, die uns kennen wissen, dass wir sehr tolerant sind. Wir verzichten aber der Lesbarkeit halber auf jedes Gendern und auch auf das pseudo-familiäre Du 😉.

Inflation – Gefahr für Ihr Vermögen

Sie hören es ständig in den Nachrichten und Sie kennen es auch aus Ihrem täglichen Leben. Alles wird teurer. Zu D-Mark-Zeiten haben Sie in den 1980er-Jahren noch für 25 oder 50 Pfennig (ungefähr 0,13 oder 0,25 Euro) eine Kugel Eis bekommen. Heute ist man froh, wenn man nicht mehr als 1,50 Euro dafür zahlen muss.

Oder nehmen Sie beispielsweise das Tanken Ihres Autos: Der Sänger Markus sang 1982 den Neue-Deutsche-Welle-Song „Ich will Spaß“. Darin heißt es „Und kost' Benzin auch drei Mark zehn, scheiß egal, es wird schon geh'n“. Damals kostete ein Liter Benzin in Deutschland rund 1,36 Mark, also umgerechnet 70 Euro-Cent. Ein Preis von 3,10 D-Mark war utopisch. Heute würden wir uns hingegen über solche Preise schon freuen. Bei einem D-Mark/Euro-Umrechnungsfaktor von 1,95583 könnten wir heute für rund 1,58 Euro tanken. Ein solcher Preis ist nach dem Angriffskrieg Russlands auf die Ukraine und den danach verhängten Sanktionen für russisches Öl auf lange Zeit nicht mehr zu erwarten, vielleicht auch nie mehr.

Wenn nicht nur der Eispreis und das Tanken teurer werden, sondern Güter und Dienstleistungen auf breiter Front, nennt man diese Teuerung Inflation. Sie können sich auch folgende Frage stellen: Wie viel könnten Sie sich 20, 30 oder 40 Jahre später von der gleichen Menge Geld noch leisten? Und hier sehen Sie dann, dass die Kaufkraft nachlässt. Sie können sich für 1 Euro (oder von rund 2 D-Mark) später nicht mehr die gleiche Menge Eis, Benzin oder sonstige Güter leisten. Inflation entwertet also Ihr Vermögen und später einmal auch Ihre Rente.

Eine kurze und bündige Definition für Inflation: Mit dem

Begriff Inflation wird ein Absinken des Geldwertes (Geldentwertung) bezeichnet, der durch ein beständiges Ansteigen des Preisniveaus für Endprodukte (Konsumgüter, Investitionsgüter und Dienstleistungen) gekennzeichnet ist.

Wie entsteht Inflation?

Es gibt verschiedene Gründe, wie Inflation entstehen kann. Meistens treten mehrere Faktoren gleichzeitig auf und sie können sich unterschiedlich stark auswirken.

Gründe für Inflation können unter anderem sein:

- Veränderte Nachfrage (sogenannte nachfragegetriebene Inflation)
- Veränderte Geldmenge (sogenannte Geldmengeninflation)
- Vermögenspreisinflation
- Steigende Löhne
- Demographische Veränderung
- Inflation durch mehr Nachhaltigkeit (sogenannte Greenflation)

Bei einer nachfragegetriebenen Inflation steigt die Nachfrage nach Gütern und Rohstoffen schneller, als die Anbieter darauf reagieren können. Als beispielsweise im Corona-Lockdown alle Fahrrad fahren wollten, gab es mitunter nicht mehr genügend neue Räder im Angebot. Nach dem Grundsatz von Angebot und Nachfrage stiegen dann die Preise, da Anbieter grundsätzlich an den verkaufen, der den höheren Preis bezahlt.

Eine Geldmengeninflation entsteht, wenn Zentralbanken wie die Europäische Zentralbank (EZB) oder die amerikanische Notenbank Fed die Märkte mit zusätzlicher Liquidität versorgen. Durch die zusätzliche Liquidität können mehr Güter nachgefragt werden und die stärkere Nachfrage kann zu einer Erhöhung der Preise führen. Insbesondere in den vergangen Krisen - wie beispielsweise der Asienkrise 1997/1998, der Krise nach dem Platzen der Dotcom-Blase 2000/2001, der Finanzkrise 2008 (Stichwort „Lehman-Bank Pleite) und der Eurokrise 2010 - reagierten die Notenbanken immer wieder mit den gleichen Mitteln. Sie senkten die Leitzinsen und pumpten Geld in die Finanzmärkte, indem Sie unter anderem in großem Stil Anleihen kauften.

Durch die in den letzten Jahren bereits erfolgte Flucht in Sachwerte, wie Aktien, Immobilien und Gold, haben sich die Preise der Anlageklassen teilweise extrem erhöht. Hier spricht man von einer Vermögenspreisinflation. Diese war für Inhaber der Sachwerte natürlich positiv.

Weiterer Inflationstreiber können steigende Löhne sein. Wenn Preise steigen, wollen und benötigen die Menschen mehr Einkommen. Wenn Gewerkschaften und Einzelpersonen höhere Gehälter durchsetzen können, reagieren die Unternehmen dann oft mit Preissteigerungen, um die höheren Kosten an die Verbraucher weiterzugeben. Durch die höhere Kaufkraft der Arbeitnehmer kann wiederum die Nachfrage angeheizt werden. Es besteht die Gefahr einer sogenannten Lohn-Preis-Spirale.

In jüngerer Zeit ist auch die Demografie ein immer größerer Faktor. Es gibt immer mehr ältere Menschen, denen – zumindest in den Industriestaaten und China - weniger jüngere Menschen gegenüberstehen. Dadurch gibt es immer weniger Arbeitskräfte und Unternehmen müssen höhere Löhne zahlen, um Personal zu bekommen. „Fachkräftemangel“ ist bereits ein geflügeltes Wort. Vielleicht haben Sie auch schon einmal beim Restaurantbesuch oder in der örtlichen Bäckerei festgestellt, dass es dort zu wenig Personal gab und Sie lange warten mussten oder gar die Öffnungszeiten mangels Personal verkürzt wurden. Es fehlen allerorten Arbeitskräfte.

Finanzen im Griff: Verhandeln mit der Inflation

Behalten Sie die Themen „Inflation“ und „Fachkräftemangel“ bei Ihrer nächsten Bewerbung oder Gehaltsverhandlung im Hinterkopf. Verkaufen Sie sich nicht zu günstig!

Zur Inflation trägt auch der Ausbau der nachhaltigen Energien bei. Experten schätzen, dass die sogenannte „Greenflation“ (grüne Inflation) bis zu 0,5 % zu der jährlichen Inflation beitragen kann. Der dringend notwendige Kampf gegen den Klimawandel (und die Abhängigkeit von Lieferanten fossiler Energie) kostet natürlich Geld. Das merken Mieter bereits an den seit 2022 neuen CO2-Abgaben, die auf die Nebenkosten aufgeschlagen werden.

Inflation durch Corona und den Ukraine-Krieg

Neben den vorgenannten Gründen für Inflation sehen wir im Moment ein Ansteigen der Inflation durch äußere Schocks wie die Corona-Pandemie und den Ukraine-Krieg.

Covid-19 und die Folgen für die Inflation

Die Produktion und der Handel von Gütern sind heute weltweit verwoben. Zur Herstellung eines Autos, eines Fahrrades, eines Computers oder anderer Produkte werden Einzelteile aus der ganzen Welt geliefert und zusammengefügt. Durch die Corona-Pandemie kam es aber weltweit zu Lockdowns und Ausfällen von Arbeitskräften.

Die Folgen waren zum einen Produktionsausfälle in Fabriken, die erforderliche Bauteile und Vorprodukte für ein Endprodukt herstellen. Außerdem konnten Produkte und Waren nicht wie sonst üblich „just in time" geliefert werden, weil Arbeiter an Häfen und anderen Umschlagplätzen fehlten oder diese ganz geschlossen wurden. Im Zuge einer Null-Toleranz-Strategie wurden beispielsweise in China Häfen und Produktionsstätten komplett geschlossen, sobald dort einzelne Covid-Fälle auftraten. Die Folgen waren Staus und Ausfälle in den sogenannten Lieferketten. An deutschen Baustellen ging mitunter nichts mehr, weil beispielsweise Holz oder Kupferdraht fehlte.

Und nach dem Gesetz von Angebot und Nachfrage stiegen die Preise nicht nur für die Rohstoffe, Bauteile und Vorprodukte selbst, sondern auch für den Transport erheblich. Preise für Schiffs- und Containerfrachtraten erhöhten sich mitunter um das Dreifache. Im März 2021 blockierte zusätzlich noch das auf Grund gelaufene Containerschiff Ever Given den Suezkanal, eine wichtige Handelsstraße zwischen Asien und Europa und verschärfte die Lieferengpässe zusätzlich.

Zur Verhinderung weiterer wirtschaftlicher Schäden durch Covid-19 und zur Ankurbelung der Nachfrage beschlossen Regierungen weltweit „Rettungspakte". Allein die deutsche

Regierung beschloss haushaltswirksame Maßnahmen in Höhe von 654 Milliarden Euro, was rund 10 % der zusammengefassten Bruttoinlandsprodukte der Jahre 2020 und 2021 entspricht.[1] Andere Staaten agierten ähnlich. Die USA beschlossen beispielsweise ein Hilfspaket in Höhe von 2,3 Billionen US-Dollar und die EU legte unter anderem ein „Solidaritätspaket“ von 540 Milliarden Euro und einen „Wiederaufbau-Fonds“ in Höhe von 750 Milliarden Euro auf.

All diese Transfers vom Staat zu Unternehmen und Haushalten erhöhen deren Einkommen und Kaufkraft und veranlassen sie, mehr Güter und Dienstleistungen nachzufragen, was ja grundsätzlich auch gewollt ist. Wenn die Produktion der Unternehmen den Nachfragen wegen Lieferengpässen oder Arbeitskräftemangel aber nicht nachkommen kann, führt das wiederum zu Preissteigerungen.

Der Ukraine-Krieg verschlimmert die Inflationsgefahren

Der völkerrechtswidrige Einmarsch von Russland in die Ukraine am 24.02.2022 verschärfte die Inflationsgefahr noch einmal drastisch. Die Öl- und Gaspreise stiegen beispielsweise unmittelbar nach Beginn des Krieges deutlich.

Denn Europa und insbesondere Deutschland sind bisher extrem abhängig von Öl- und Gaslieferungen aus Russland. So kommt rund die Hälfte des in Deutschland benötigten Gases aus Russland.

[1] Sinn, Hans-Werner, Die wundersame Geldvermehrung, Herder, 2021, S. 153.

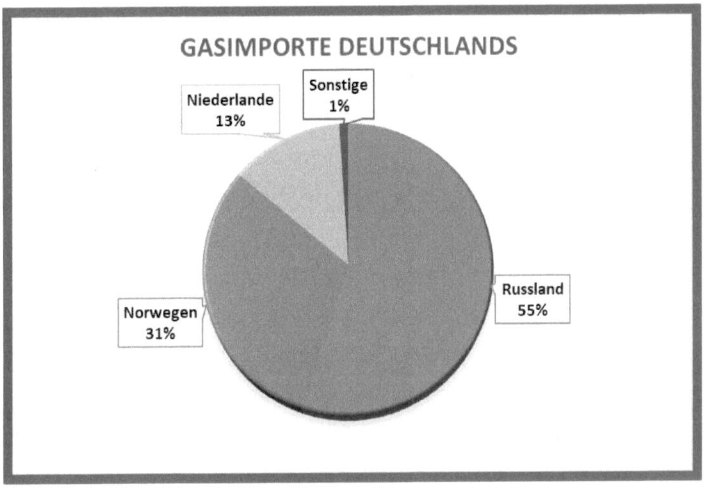

Abbildung 1: Erdgasbezugsquellen Deutschlands im Jahr 2020

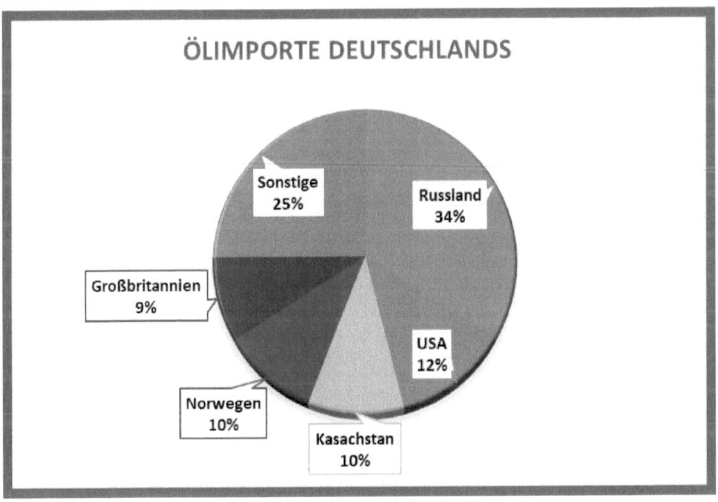

Abbildung 2: Ölbezugsquellen Deutschlands im Jahr 2021

Es wird eine immense Kraftanstrengung und damit auch hohe Kosten bedeuten, den Bedarf an diesen Energieträgern durch andere Lieferanten oder andere (hoffentlich nachhaltige) Energiequellen zu ersetzen. Da Energiepreise einen hohen Anteil an der Inflationsrate haben, muss man kein Prophet sein, um steigende oder zumindest längerfristig hohe Inflationsraten vorauszusagen.

Hinzu kommen zusätzliche Lieferengpässe oder -ausfälle bei anderen wichtigen Rohstoffen und Vorprodukten. So haben Russland und die Ukraine – die „Kornkammer Europas" - einen Anteil von rund einem Drittel am weltweiten Weizenexport[2]. Neben den steigenden Preisen wird dies auch Auswirkungen auf die Nahrungsversorgung der ärmeren Abnehmer in Afrika und Asien haben. Daneben liefert Russland beispielsweise bisher große Mengen Palladium und Platin, die Ukraine Kabelbäume – Rohstoffe und Vorprodukte, die in der Autoindustrie benötigt werden. Auch in der Chip-Industrie kommen einige wichtige Bestandteile aus der Ukraine.

Finanzen im Griff: Von den Profiteuren profitieren?

Für uns war es nicht vorstellbar, dass es tatsächlich zu einem Krieg in Europa kommen konnte. Wir sind schockiert über das Leid, das über das ukrainische Volk gebracht wurde. Sie als Leser erwarten von uns in diesem Ratgeber aber Hinweise, wie Sie mit Ihrer Geldanlage auf Inflation und

2 https://www.sueddeutsche.de/politik/ukraine-russland-hunger-getreide-weizen-krieg-exporte-importe-aegypten-jemen-libanon-afrika-welternaehrungsprogramm-lebensmittel-nahrung-1.5536980

Geldentwertung reagieren können. Natürlich gibt es auch bei Krieg und Inflation Bereiche, in denen Sie als Anleger profitieren können. Wir stellen hier „objektiv" Möglichkeiten vor, auf Inflation zu reagieren und überlassen es Ihrer persönlichen Entscheidung, ob Sie Investitionen in manche Anlagebereiche moralisch vertreten können oder nicht. So stiegen beispielsweise unmittelbar mit Kriegsbeginn die Kurse von Rüstungsaktien oder Rohstoff-Zertifikaten. Auch die Anlage in Produkte, die von Getreidepreissteigerungen profitieren, kann rentabel sein. Gerade die Anlage in Rüstungsunternehmen und Nahrungsmittel und wurden schon in der Vergangenheit kontrovers diskutiert und viele Anleger schließen sie für sich aus.

Statistische und gefühlte Inflation

Wenn in den Medien von der Inflation die Rede ist, geht es in der Regel darum, um wie viel Prozent die Preise im Vergleich zum vergangenen Monat oder Jahr gestiegen sind. Dass die Preise jährlich um rund 2 Prozent steigen, ist normal und auch gewünscht. Dies ist Folge und Voraussetzung für wirtschaftliches Wachstum. Wenn Sachwerte und Güter in der Zukunft mehr wert sind, lohnt es sich für Unternehmen auch, in Technologien, Maschinen und Entwicklung zu investieren. Und wenn Preise kontinuierlich steigen, motiviert dies Konsumenten, jetzt zu konsumieren, statt Geld „unter dem Kopfkissen" zu horten. Die steigende Nachfrage treibt die Produktion und das Wirtschaftswachstum an. Viele Notenbanken wie die Europäische Zentralbank und die amerikanische Fed streben daher eine gemäßigte Inflation an.

Schulden werden bei Inflation entwertet und die größten Schuldner überhaupt sind Staaten. Sie beschaffen sich unter anderem mit Anleihen Geld am Kapitalmarkt. Solange die Zinsen, die sie für ihre Anleihen zahlen müssen, nicht so hoch sind, dass ein Staatsbankrott droht, ist eine gemäßigte Inflation gut für die Staaten. Inflation ist überdies politisch leichter zu verkaufen als Kürzungen bei Sozialleistungen oder Steuererhöhungen.

Eine Deflation wird hingegen sehr gefürchtet. Wenn Güter und Dienstleistungen in der Zukunft tendenziell billiger werden, warten Konsumenten und Investoren ab, da es ja noch billiger werden könnte. Das Wirtschaftswachstum sinkt weiter und es kann eine Negativspirale entstehen.

In Deutschland wird die Inflation über einen repräsentativen Warenkorb ermittelt

Der zentrale Indikator zur Ermittlung der Inflationsrate in Deutschland ist der sogenannte Verbraucherpreisindex (VPI), der die durchschnittliche Preisentwicklung aller Waren und Dienstleistungen misst, die private Haushalte für Konsumzwecke kaufen. Der VPI wird monatlich vom Statistischen Bundesamt berechnet. Dazu geht man von einem fiktiven repräsentativen Warenkorb aus, der rund 650 Güterarten beinhaltet und beobachtet dessen Preisentwicklung. Größere Posten im Warenkorb sind unter anderem die Warmmiete, Lebensmittel, Bekleidung, Verkehr und technische Geräte. Enthalten sind aber auch beispielsweise Reinigungsdienstleistungen und Reparaturen.

Abbildung 3 zeigt die Entwicklung der jährlichen Inflationsrate seit 2008.

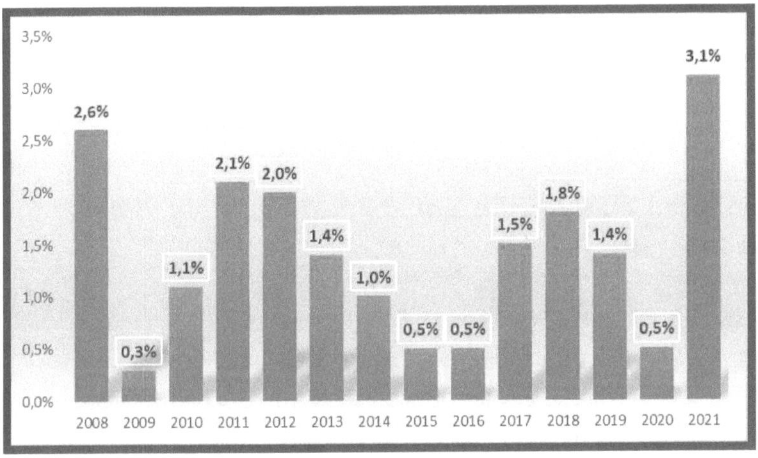

Abbildung 3: Inflationsraten 2008 bis 2021

Die Kernrate des Verbraucherpreisindex und Ihre persönliche Inflation

Neben dem reinen Verbraucherpreisindex ist vor allem die Kernrate des Verbraucherpreisindex interessant. Bei der Kernrate werden die flüchtigen Bestandteile wie Lebensmittel, Energie, Alkohol und Tabak außen vorgelassen. Gerade in Zeiten hoher Energiepreise erlaubt die Kernrate einen objektiveren Blick auf die Preissteigerungen der Güter des täglichen Lebens.

Wie stark Sie und Ihr Haushalt von der Inflation tatsächlich betroffen sind, hängt davon ab, welche Güter und Dienstleistungen Sie besonders nutzen. Wenn Sie im Homeoffice arbeiten, werden Sie beispielsweise weniger Geld für Benzin ausgeben, als dies der statistische Durchschnitts-Warenkorb unterstellt.

__Finanzen im Griff: So ermitteln Sie Ihre persönliche Inflationsrate__

Das Statistische Bundesamt bietet unter
https://service.destatis.de/inflationsrechner/#lifestyle
einen persönlichen Inflationsrechner an. Dort sehen Sie, welche Gewichte beim Verbraucherpreisindex für die Bereiche Ernährung, Wohnen, Mobilität, Freizeit, Lifestyle und sonstige Bereiche veranschlagt werden. Sie können jeden Wert durch Ihren persönlichen Verbrauchswert ersetzen und Ihre persönliche Inflationsrate ermitteln und grafisch darstellen lassen.

Politik und Notenbanken können Rohstoff- und Energiepreise nicht begrenzen

Ein Haupttreiber steigender Inflation sind oftmals steigende Rohstoffpreise. So stieg die Inflationsrate im November und Dezember 2021 auch deshalb so stark, weil im Vorjahr durch den Lockdown die Energiepreise sehr niedrig waren. Im Februar 2022 stiegen die Preise für Heizöl und Kraftstoffe um rund 30 Prozent gegenüber dem Vormonat. Strom, Gas und andere Brennstoffe verteuerten sich um rund 20 Prozent. Und dann kam Ende Februar 2022 noch der Einmarsch der russischen Truppen in der Ukraine dazu.

In Zeiten steigender Inflationsraten werden Rufe nach Eingriffen und Gegenmaßnahmen durch die Politik immer schnell laut. So werden beispielsweise staatlich verordnete

Obergrenzen für Öl- und Gaspreise von Verbraucher- und Sozialverbänden gefordert. Aber: Es ist nicht Aufgabe der Regierung eines Staates die Weltmarktpreise eines Rohstoffes zu beeinflussen und sie kann es auch nicht. Wenn innerhalb eines Landes die Preise begrenzt werden sollen, geht das – neben dem Abbau staatlicher Abgaben und Steuern - nur durch Zuschüsse und Subventionen. Diese muss aber letztlich dann der Steuerzahler zahlen. Außerdem sind höhere Energiepreise – zumindest zu einem gewissen Teil – gewollt. Man will ja die Bürger mit Blick auf die Bekämpfung des Klimawandels zu einem energieeffizienten Umgang und klimafreundlichen Investitionen in Gebäude „motivieren". Bei einem Spritpreis über 2 Euro fahren plötzlich alle nur noch maximal 130 km/h, da höhere Geschwindigkeiten überproportional viel Benzin vom Auto fordern. In der Vergangenheit waren die Energie- und Rohstoffpreise mitunter auch sehr niedrig und niemand wäre auf die Idee gekommen, dafür dem Staat etwas zurückzugeben.

Aktuell sehen wir uns jedoch durch die Ukraine-Krise mit einem echten Energie-Schock konfrontiert. Die Auswirkungen durch den Wegfall wichtiger Lieferanten, das Ende von Nord-Stream 2 und die weltpolitische Unsicherheit führen zwangläufig zu steigenden Energiekosten. Diesen Aspekt werden wir in diesem Buch an einigen Stellen besonders bearbeiten.

Inflation lässt das Leben teurer werden

Wenn die Löhne nicht entsprechend „mitsteigen", wird es für viele Haushalte in den kommenden Monaten enger werden. Einer der einfachsten Wege ist es, die Sparraten zu verringern. Das schmerzt heute nicht, doch es hat langfristige Folgen, vor allem für die Altersvorsorge.

Geschickter wäre es, sich intensiv mit den Ausgaben auseinander zu setzen. Spüren Sie Cash Fresser auf, kündigen Sie überflüssige Abos und Mitgliedschaften, checken Sie Ihre Versicherungen auf Sparpotenzial. Planen Sie Ihr monatliches Budget neu.

Weitere Tipps, wie Sie Ihre Ausgaben verringern, finden Sie in unserem Buch „Ihr Weg in die finanzielle Freiheit", GABAL Verlag, 2021.

Schon vor der Ukraine-Krise hat sich das Thema Wohnen und Mobilität als Inflationstreiber herausgestellt. Mieten stiegen besonders in den Großstädten rasant. Die steigenden Energiekosten samt Abgaben wie die CO2-Steuer werden zur „zweiten Miete". Um sich in den kommenden Jahren unabhängiger und auch autarker von Politik, Vermietern, Strom- und Energieunternehmen und Co. zu machen, lohnt ein Blick auf das „große Ganze". Mögliche Ansätze zur langfristigen Senkung der Kosten und steigender Autarkie könnten sein:

- Photovoltaik-Anlage samt Speicher
- Heizen mit Wärmepumpe, Hackschnitzeln oder ähnlichem
- E-Auto samt Wall-Box
- Energetische Nachrüstungen am Haus (Wärmedämmung, Austausch von Fenstern etc.)

Als Mieter haben Sie nur sehr begrenzt oder keinen Einfluss auf bauliche Maßnahmen. Ein Ansprechen Ihres Vermieters setzt aber vielleicht Denkprozesse in Gang. Vielleicht werden Sie auch vom Mieter zum Eigentümer?

Es gab und gibt zahlreiche Förderungen vom Bund und den Ländern, die Sie berücksichtigen können. Die neue Regierung wird hier sicherlich auch noch einiges nachlegen. Nach dem plötzlichen Aus für einige KfW-Förderungen im Januar 2022 „muss“ ein neuer Anreiz geschaffen werden. Denn gerade ein grüner Minister wird hier sicherlich glänzen wollen.

Finanzen im Griff: Schnell sein könnte entscheidend sein

Die Gedanken um energetische Modernisierungen machen sich im Zuge der gestiegenen Öl- und Gaspreise viele. Warten Sie also nicht zu lange mit Ihren Planungen. Holen Sie Angebote ein und lassen Sie sich beraten. Bei Photovoltaik-Anlagen gibt es jetzt schon lange Wartezeiten.

Inflation zerstört Ihre Rente

Unter Berücksichtigung aller Rentenarten zahlte die Deutsche Rentenversicherung nach eigenen Angaben in den letzten Jahren im Durchschnitt knapp 1.000 Euro Rente monatlich. Bei den besonders langjährig Versicherten war die Summe mit rund 1.300 Euro etwas höher, Bezieher der normalen Regelaltersrente erhielten hingegen nur rund 700

Euro. Die Nettostandardrente beträgt derzeit 48 % des durchschnittlichen Jahresentgelts[3]. Sie wird bis 2034 voraussichtlich auf 45 % fallen. Alle diese Zahlen zeigen, was Ihnen sicher schon bewusst ist: Von der Rente allein werden Sie im Alter nicht leben können.

Eine grobe Faustformel besagt, dass Sie mindestens 80 % Ihres letzten Nettogehalts im Ruhestand benötigen. Wenn Sie bislang 3.000 Euro netto verdient haben, benötigen Sie demnach mindestens 2.400 Euro Netto-Rente im Monat. Das erscheint uns angesichts der hohen Wohnkosten in Deutschland derzeit relativ wenig. Zumindest, wenn Sie für sich alleine sorgen, werden eher 2.800 bis 3.000 Euro benötigt. Für die Warm-Miete werden oft schon 800 bis 1.000 Euro benötigt, 200-300 Euro für Versicherungen und sonstige feste Kosten, 500 Euro für Lebensmittel, 200 bis 400 Euro für Kleidung, Sport und Freizeit. Dazu kommen dann Ersatzanschaffungen, Urlaub und vielleicht die Kosten für ein Haustier.

Und leider sind bei diesen Zahlen der Deutschen Rentenversicherung noch nicht die Auswirkungen der Inflation berücksichtigt. Die Zahlen in der Abbildung 4 sollen Ihnen ein Gefühl dafür geben, was Inflation aus Ihrer Rente macht. In allen Fällen wurde eine erwartete Bruttorente von 2.000 Euro angenommen. In den oberen Zeilen wurde eine Inflationsrate von 2 %, in den unteren von 3 % zugrunde gelegt. Je nach der Zeitspanne, die bis zum Renteneintritt vergeht, kann der Wert für Sie gemessen in dem, was Sie sich dann noch von dem Betrag kaufen können, auf über die Hälfte sinken.

---

3 https://www.sozialpolitik-aktuell.de/files/sozialpolitik-aktuell/_Politikfelder/Alter-Rente/Datensammlung/PDF-Dateien/abbVIII37.pdf

Analog gilt diese Berechnung natürlich auch, wer beispielsweise in einem berufsständischen Versorgungswerk versichert sind (wie zum Beispiel Ärzte, Apotheker, Architekten, Steuerberater und Ärzte).

Jahr des Rentenbeginns	2032	2042	2052
durchschnittliche Krankenvers. (inkl. Sonderbeitrag KV)	15,9%	15,9%	15,9%
Inflationsrate	2,0%	2,0%	2,0%
Wert der Rente bei Rentenbeginn	**1.460,22 €**	**1.197,89 €**	**982,69 €**

Jahr des Rentenbeginns	2032	2042	2052
durchschnittliche Krankenvers. (inkl. Sonderbeitrag KV)	15,9%	15,9%	15,9%
Inflationsrate	3,0%	3,0%	3,0%
Wert der Rente bei Rentenbeginn	**1.342,49 €**	**985,54 €**	**733,34 €**

Abbildung 4: Wert einer 2.000 Euro-Rente nach Inflation

Finanzen im Griff: Berechnen Sie Ihre konkrete Inflation

Machen Sie sich in konkreten Zahlen klar, wie Inflation Ihre Rententräume zerstören kann. Im Internet finden Sie dazu einfach zu bedienende Programme. Zum Beispiel bieten die Regionalträger der Deutschen Rentenversicherung unter https://www.ihre-vorsorge.de/rechner/inflationsrechner-rente oder die Stiftung Warentest unter https://www.test.de/Altersvorsorge-Ermitteln-Sie-Ihren-Finanzbedarf-1159347-0/ Online-Rechner an.

Suchen Sie sich dazu Ihre letzte Renteninformation heraus und nehmen die Zahl, die dort hochgerechnet wird, basierend auf den Einkünften der letzten fünf Jahre. Wir empfehlen, keine Hochrechnung mit Inflationsausgleich zu verwenden, da hier noch unsicherer ist, ob Sie diese Summe bekommen. Nun wenden Sie einen der Rechner an.

Inflation entwertet auch Ihr Geldvermögen

Natürlich entwertet Inflation nicht nur Ihre Rente, sondern auch Ihr Geldvermögen. Die Tabelle „Kaufkraftverlust durch Inflation" zeigt, was aus 50.000 Euro je nach Höhe der Inflation und Länge des Zeitraums, in der Inflation am Geld „nagen" kann, wird. Bei einer moderaten Inflation von 2 % könnten Sie sich in 35 Jahren nur noch die Hälfte von den heute 50.000 Euro kaufen.

Jahr	2,0%	3,0%	4,0%	5,0%
0	50.000 €	50.000 €	50.000 €	50.000 €
10	41.017 €	37.205 €	33.778 €	30.696 €
15	37.151 €	32.093 €	27.763 €	24.051 €
20	33.649 €	27.684 €	22.819 €	18.844 €
25	30.477 €	23.880 €	18.756 €	14.765 €
30	27.604 €	20.599 €	15.416 €	11.569 €
35	25.001 €	17.769 €	12.671 €	9.065 €

Abbildung 5: Kaufkraftverlust durch Inflation

Finanzen im Griff: Wie viel Geld genau verlieren Sie?

Rechnen Sie auch hier ganz konkret anhand Ihres Geldes,

das unverzinst auf Sparbüchern oder Tagesgeldern liegt, wie viel Sie im Laufe der Zeit verlieren. Sie werden erkennen, dass Nichtstun oder gar Strafzinsen - von den Banken beschönigend Verwahrentgelte bezeichnet - keine Lösung ist. Ihr Vermögen wird täglich weniger!

Sie können dazu den im vorigen Tipp vorgeschlagenen Rechner der Stiftung Warentest nutzen oder beispielsweise den Inflationsrechner unter https://www.zinsen-berechnen.de/inflationsrechner.php.

Für Ihr Vermögen ist es also sehr wichtig, dass Sie damit Erträge erzielen, die so hoch sind, dass Sie mindestens die Inflation ausgleichen. Nur dann behalten Sie Ihre Kaufkraft. Noch besser wäre es, wenn Sie sogar etwas mehr Rendite erzielen, als die Inflation hoch ist. Denn Sie möchten Ihr Vermögen ja über die Zeit nicht nur durch fleißiges Sparen, sondern auch durch den Zinseszinseffekt erhöhen.

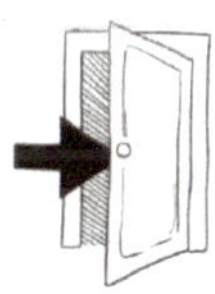

Mehr zum Thema Zinseszins finden Sie zum Beispiel in unserem Buch Geldanlage für Anfänger, Stiftung Warentest, 2021.

Und dann müssen Sie auch noch die Steuern berücksichtigen. Auch diese „knabbern“ an Ihren Erträgen.

So können Sie die Preissteigerung und den Kaufkraftverlust selbst berechnen

Sie können natürlich auch händisch die Inflationsrate berechnen und zum Verständnis ist es auch sinnvoll, dies einzu tun. Verfolgen Sie Preise von Gütern, die Sie regelmäßig kaufen. Legen Sie sich eine Tabelle an und nehmen Sie exemplarisch einige Dinge, die Sie vielleicht besonders gerne mögen oder regelmäßig benötigen. Sie merken rasch, dass die Preise meist nur eine Richtung kennen – aufwärts. Doch manchmal wird auch etwas günstiger, selbst in diesen Zeiten: So bekam unsere Tochter mitten in der ersten Pandemie-Phase ein neues Fahrrad, weil es einfach nicht anders ging. Zufällig hat sich Stefanie knapp zwei Jahre später für das gleiche Modell interessiert. Es kostete nun wieder 100 Euro weniger.

Das statistische Bundesamt veröffentlicht monatlich den Verbraucherpreisindex für Deutschland. Auch die Werte der vergangenen Monate werden unter https://www.destatis.de/DE/Themen/Wirtschaft/Preise/Verbraucherpreisindex/_inhalt.html aufgelistet.

Mit folgender Formel können Sie daraus die Inflationsrate, also die Preissteigerungsrate für einen beliebigen Zeitraum berechnen.

Der Wert für das Jahr 2015 hat den Indexwert 100.

Beispiel: Im Januar 2022 betrug der Index 111,5 und im Januar 2017 100,6.

Inflationsrate = [(Index neu – Index alt) / Index alt] x 100

Die Preissteigerungsrate von Januar 2017 bis 2022 betrug somit

[(111,5 – 100,6) / 100,6] x 100 = 10,83 %

Wenn Sie wissen wollen, welchen Kaufkraftverlust Sie in der Zeit aus dem Beispiel erlitten haben, können Sie diese Formel nutzen:

Kaufkraftverlust = [(Gegenwärtiger Preis / Zukünftiger Preis) – 1] x 100

Bei einem Geldbetrag von beispielsweise 100 Euro würde das bedeuten:

[(100 / (100 x 1,1083)) – 1] x 100 = -0,0977 x 100 = -9,77%

Die 100 Euro wären also in dieser Zeit 9,77 % weniger wert geworden.

Sie müssen mit Ihren Geldanlagen mehr verdienen, als die Inflation Sie kostet

Im vorherigen Kapitel haben Sie gesehen, wie Inflation Ihren heutigen Geldbedarf beeinflusst und an Ihrer Altersvorsorge und Ihrem Vermögen nagt. Die Lösung, um dies zu vermeiden, ist theoretisch ganz einfach: Sie müssen mit Ihren Geldanlagen mehr verdienen, als die Inflation an Ihrem Vermögen wegfrisst. Um mit Geldanlagen eine Rendite zu erzielen, haben Sie grundsätzlich zwei Möglichkeiten:

- Sie erhalten Erträge in Form von Zinsen, Dividenden, Mieten oder ähnlichem.
- Sie realisieren Wertsteigerungen, zum Beispiel in dem Sie eine Immobilie, Aktie oder Kryptowährung mit Gewinn verkaufen.

Wenn Sie Ihr Vermögen vor der Entwertung durch Inflation schützen wollen, müssen Sie besonders auf den sogenannten Realzins achten. Darunter versteht man den Zinssatz, den ein Anleger mit einer Anlage nach Abzug der (erwarteten) Inflationsrate erzielt.

Bei einem Sparbuchzins von 0,00 % und einer Inflationsrate von 3 % wäre Ihr Realzins also negativ, nämlich minus 3 %. Das bedeutet, jedes Jahr wird Ihr Erspartes 3 % weniger wert. Haben Sie einen größeren Geldbetrag auf einem Tagesgeldkonto liegen, bei dem 0,5 % Strafzinsen erhoben werden, nimmt Ihr Vermögen sogar um 3,5 % ab.

Die einfache Formel lautet:

Niedrigrendite (oder gar Nullzins) beim Sparen + (hohe) Inflation = Geld- und Vermögensvernichtung

Finanzen im Griff: Welche Ihrer Anlagen bescheren Ihnen negative Realzinsen?

Listen Sie auf, mit welchen Anlagen Sie derzeit negative Realzinsen „verdienen“. Damit erkennen Sie, ob akuter Handlungsbedarf besteht.

Einlagengesicherte Zinsanlagen bieten heute keinen Inflationsschutz mehr

Bei klassischen Zinsanlagen wie Sparbuch, Tagesgeld oder Festgeld liegt Ihr Geld bei einer Bank. Man spricht hier auch von Einlagen. Wenn Sie hier gute Angebote gesucht haben oder Ihr Geld schon vor einigen Jahren angelegt haben, bekommen Sie von der Bank in der Regel jährlich einen Zins gezahlt und erhalten den angelegten Betrag - man spricht auch vom Nominalwert – am Ende der Laufzeit zurück. Der Nominalwert entspricht aber nicht der zukünftigen Kaufkraft.

Beispiel: Sie haben vor einigen Jahren 100.000 Euro in einem Festgeld für fünf Jahre bei einer deutschen Bank angelegt und erhalten 1,5 % Zinsen jährlich. Sie erhalten dann fünfmal je 1.500 Euro ausgezahlt und erhalten am Ende der Laufzeit Ihre 100.000 Euro zurück. Wäre die Inflation 2 % hätten Sie jedes Jahr 0,5 %, also 500 Euro verloren. Oder wieder anders ausgedrückt: Sie bekommen nach fünf Jahren Ihre 100.000 Euro zurück, können sich aber nur noch Güter und Dienstleistungen im Wert von 90.573 Euro kaufen. Und

Steuern sind dabei noch gar nicht berücksichtigt.

Sind Zinsanlagen also nur etwas für dumme Leute? Nein, ganz und gar nicht. Denn Zinsanlagen sind auf ihre Art sicher. Sie konnten nämlich im Beispiel sicher sein, dass Sie Ihr Geld nach Ablauf der fünf Jahre auch wieder zurückbekommen. Man sagt, Zinsanlagen sind „nominalwertsicher“. Sie erhalten den Betrag, der bei der Anlage draufstand, auch wieder zurück. Sie sind planbar und unverzichtbarer Baustein einer Anlagestrategie. Alles auf chancenreichere Anlageklassen wie zum Beispiel Aktien, Bitcoin oder Immobilien zu setzen, ist fahrlässig. Diese Anlagen schwanken mitunter stark im Wert und man kann nicht wissen, was am Ende dabei herauskommt.

In Europa sorgt die gesetzliche Einlagensicherung dafür, dass Einlagen wie Tages- und Festgeld bei einer Bank zurückgezahlt werden – zumindest bis zu einer Höhe von 100.000 Euro je Anleger und Bank.

Nicht unter die Einlagensicherung fallen Anleihen, das sind Wertpapiere, die auch einen Zins und eine Rückzahlung am Ende der Laufzeit versprechen, aber von einem Staat oder einem Unternehmen herausgegeben werden. Hier hängt die Sicherheit der Zins- und Rückzahlung von der Bonität des Herausgebers (Emittent) der Anleihen ab. Je schwächer diese ist, umso höhere Zinsen muss der Emittent grundsätzlich zahlen, damit Anleger das Risiko eingehen, ihm Geld zu leihen.

Finanzen im Griff: Einlagensicherung für Zinsanlagen

Wenn Sie mehr als 100.000 Euro bei Banken „einlegen" möchten, nutzen Sie mehrere Banken. Überschreiten Sie die 100.000 Euro je Bank nicht.

Achten Sie bei ausländischen Banken auch darauf, nur bei Banken anzulegen, die einem europäischen Land angehören, dem Sie auch zutrauen, dass es im Fall einer Pleite der Bank für diese einspringen kann. Das wären beispielsweise Länder wie Frankreich, die Niederlande, Schweden, Norwegen und Österreich. Bei österreichischen Banken ist die Anlage allerdings steuerlich umständlich und nachdem die europäische Sberbank infolge der Sanktionen gegen Russland pleiteging, musste Österreich schon für vier Bankpleiten binnen weniger Jahre eintreten. Hier muss man zukünftig sicherlich überlegen, ob man den österreichischen Einlagentopf noch als stark genug einschätzt.

Da Schweden nicht den Euro eingeführt hat, gilt dort die Einlagensicherung in schwedischen Kronen (SEK). Kundeneinlagen sind bis 1,05 Millionen SEK gesichert, das sind je nach Wechselkurs auch um die 100.000 Euro. Norwegen dagegen sichert 100.000 Euro ab, auch wenn die dortige Währung die Norwegische Krone (NOK) ist. Wenn Sie dort etwas weniger als 100.000 Euro anlegen, sind Sie auf der sicheren Seite.

Finanzen im Griff: Mit Zinsportalen einfach bei mehreren Banken anlegen

Über sogenannte Zinsportale wie www.weltsparen.de oder www.check24.de können Sie einfach Zinsangebote vieler verschiedener Banken nutzen. Sie müssen dazu nur ein Konto bei dem Zinsportal und nicht bei jeder Bank abschließen. Im Angebot der Zinsportale sind viele ausländische Banken, die oft höhere Zinsen als deutsche Banken bieten. Achten Sie aber immer auf die Sicherheit der Einlagensicherung.

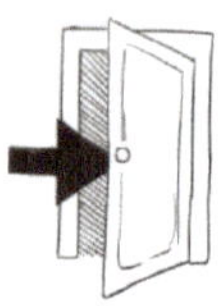

Silvi erläutert in ihrem YouTube-Kanal Clever Money die Einlagensicherung:

https://t2m.io/vGc5FZQC

Mit Sachwerten können Sie Kaufkraft schützen

Unter Sachwerten versteht man Geldanlagen, die einen eigenen materiellen Wert haben und daher grundsätzlich von Geldwertschwankungen unabhängig sind. Wenn allgemein die Preise infolge von Inflation steigen, steigt in der Regel auch der Preis von Sachwerten. Dadurch unterscheiden sie sich von Zinsanlagen, die ja nur „nominalwertsicher" sind, also nur die Rückzahlung eines vorher festgelegten Geldbetrags versprechen.

Im Nachkriegsdeutschland waren beispielsweise Zigaretten ein Sachwert. Die Reichsmark büßte durch Inflation beständig an Wert ein und bei den Menschen wurde die „Zigarettenwährung" immer beliebter. Zigaretten wurden als wertbeständige „Zahlungsmittel" im Warentausch eingesetzt.

Heutzutage sind natürlich andere Sachwerte empfehlenswert, wenn Sie den Wertverlust Ihres Vermögens durch Inflation absichern wollen. Das folgende Beispiel verdeutlicht den Unterschied von Sachwerten und Nominalwerten (wie Zinsanlagen).

Anleger A schließt über ein Zinsportal für 50.000 Euro ein Festgeld bei einer französischen Bank mit einer Laufzeit von zehn Jahren und einem Zinssatz von 1,0 % ab. Die Zinsen werden während der Laufzeit nicht ausgezahlt, sondern mit angelegt. Dadurch profitiert der Anleger vom Zinseszins-Effekt, bei dem jedes Jahr der höhere Betrag (einschließlich der Zinsen der vorigen Jahre) mitverzinst wird. Aufgrund der Einlagensicherung kann er sicher sein, dass er nach zehn Jahren sein Geld wiederbekommt. Die durchschnittliche Inflation in diesem Zeitraum nehmen wir mit 3 % an.

Anleger B investiert ebenfalls 50.000 Euro in die Aktie eines großen internationalen Unternehmens, dessen Kurs 80 Euro beträgt und das keine Dividende zahlt. Er kauft also insgesamt 625 Aktien des Unternehmens. Als B nach zehn Jahren seine Aktien verkauft, haben diese einen Kurs von 150 (alternativ: 70) Euro.

Die Entwicklung der Anlagen zeigt die folgende Abbildung.

	Anleger A	Anleger B	
Anfangskapital	50.000,00 €	50.000,00 €	50.000,00 €
Zinssatz	1%	-	-
Benötigte Kaufkraft am Ende der Laufzeit	67.195,82 €	67.195,82 €	67.195,82 €
Wert der Anlage am Ende der Laufzeit	55.231,11 €	93.750,00 €	43.750,00 €
Kaufkraft verloren / gewonnen	-11.964,71 €	26.554,18 €	-23.445,82 €
Rendite der Anlage p.a.	1,04%	6,49%	-1,33%

Abbildung 6: Beispielentwicklung von Nominal- und Sachwertanlagen.

Anleger A weiß schon am Anfang seiner Anlage, welche Beträge und welche Rendite er am Ende herausbekommt. Um sich bei 3 % Inflation in zehn Jahren noch die gleiche Menge an Gütern und Dienstleistungen leisten zu können wie heute, müsste er (ohne Berücksichtigung von Steuern) rund 17.000 Euro Ertrag mit seiner Anlage erzielen. Er hofft auf eine geringere Inflation, da er sonst rund 15.000 Euro Kaufkraftverlust erzielen wird.

Anleger B hat in einen Sachwert investiert. Das Aktienunternehmen hat einen eigenen Wert, der grundsätzlich unabhängig von Geldwertschwankungen ist. Im Szenario 1 entwickeln sich die Geschäfte des Unternehmens gut. Es kann die steigenden Kosten infolge Inflation an seine Kunden weitergeben. Der Kurs der Aktie steigt daher auf 120 Euro. Anleger B hat mit seiner Anlage nicht nur eine Wertsteigerung realisiert, sondern auch seine Kaufkraft erhalten und sogar gesteigert.

Allerdings zeigt sich in Szenario 2 der Haken von Sachwertanlagen. Man kann die Entwicklung nicht – wie bei Festzinsanlagen – sicher prognostizieren. Erleidet das Unternehmen, in das B investierte, Verluste, weil es beispielsweise unfähige Manager hat oder seine Produkte nicht mehr gefragt sind, spiegelt sich das auch im Kurs der Aktie wider.

Kann B nach zehn Jahren nur für 70 Euro je Aktie verkaufen, macht er einen Verlust von 6.250 Euro beziehungsweise von über 23.000 Euro nach Inflation.

Finanzen im Griff: Aktien haben keine feste Laufzeit – Festgeld ist fest

Aktien haben keine feste Laufzeit. Anleger B stünde es im Szenario 2 natürlich frei, noch etwas mit dem Verkauf seiner Aktien zu warten, wenn er zukünftig einen höheren Kurs erwartet. Er kann auch jederzeit innerhalb der von ihm geplanten Anlagedauer verkaufen. Hingegen bedeutet Festgeld auch wirklich fest. Während der vereinbarten Laufzeit kommt Anleger A nicht an sein Geld heran.

Mehr zu Zinsanlagen erfahren Sie in unserem „Handbuch Geldanlage" oder dem Ratgeber „Alles über Zinsanlagen" (beide Stiftung Warentest).

Sachwerte rund um die Aktie: Einzelaktien, Aktienfonds und Aktien-ETFs

Aktien zählen zu den Sachwerten, da sie einen Eigentumsanteil an den Immobilien, Maschinen, dem Fuhrpark und sonstigen Gegenständen und Vermögenswerten der

Aktiengesellschaft verbriefen. Wenn Sie Aktien eines Unternehmens kaufen, werden Sie mit Ihrem Anteil am Gesamtvermögen der Aktiengesellschaft (AG) Miteigentümer. Sie partizipieren am Geschäftserfolg, aber auch an Verlusten der AG. Im schlimmsten Fall wird Ihre Aktie wertlos, wenn das Unternehmen in Konkurs gerät. Das ist zwar die Ausnahme und nicht die Regel, aber der Wirecard Skandal hat gezeigt, dass auch Unternehmen des DAX - der immerhin aus den 40 bedeutendsten Firmen Deutschlands besteht – bankrottgehen können.

Profitieren Aktien von Inflation?

In der Vergangenheit war es so, dass Aktien sich auch in Zeiten höherer Inflationsraten von 3 bis 5 % noch gut entwickelten. Bei einer zu hohen Inflation besteht die Gefahr, dass die Wirtschaft insgesamt „abgewürgt“ wird und die Unternehmen die Preissteigerungen bei ihren Kosten nicht mehr an die Kunden weitergeben können.

Welche Aktien eignen sich besonders als Inflationsschutz?

Unternehmen mit besonderen Alleinstellungsmerkmalen oder gar einer Art Monopol sind grundsätzlich leichter in der Lage, höhere Preise an Kunden weiterzugeben, da diese auf die Produkte oder Leistungen des Unternehmens nicht verzichten können oder wollen. Da eine steigende Inflation häufig auch steigende Finanzierungszinsen nach sich zieht, sind darüber hinaus gering verschuldete Unternehmen mit einer soliden Bilanz in der Regel im Vorteil gegenüber Unternehmen, die eine hohe Zinslast bedienen müssen und möglicherweise noch gar keine Gewinne machen. Manche Branchen, wie zum Beispiel die Energie-, Pharma- oder Lebensmittel- und Grundnahrungsbranche gelten tendenziell als inflationsresistenter, da Verbraucher auf deren Produkte angewiesen sind.

Finanzen im Griff: Dividendenaktien sind meist solide Unternehmen

Sie erkennen solide, bilanzstarke und werthaltige Unternehmen häufig daran, dass diese in der Vergangenheit beständig Dividenden an ihre Aktionäre gezahlt haben. Im Internet und in Finanzzeitschriften finden Sie regelmäßig Auswertungen der „besten Dividenden-Aktien des Jahres“.

Mit Investmentfonds streuen Sie das Risiko

Leichter, als sich auf die Suche nach den besten Einzelaktien zu machen, ist es, in ETFs (Exchange Traded Funds, börsengehandelte Indexfonds) und Aktienfonds zu investieren. Beides sind Investmentfonds und sie unterliegen klaren gesetzlichen Regeln. Bei einem Aktien-Investmentfonds (kurz: Aktienfonds) wird das Geld von Anlegern gebündelt und in viele verschiedene Aktien investiert. Dafür zuständig ist ein Fondsmanager, der entscheidet, welche Aktien aussichtsreich sind. Sie als Anleger erwerben Anteile am gesamten Fondsvermögen und sind dann entsprechend am Erfolg des Fonds beteiligt. Aktienfonds und ETFs sind zumindest mittelbar auch Sachwerte, da sie in eine Vielzahl von Aktien anlegen. Der Vorteil ist, dass nicht das Risiko besteht, genau die „falsche“ Einzelaktie zu kaufen. Läuft eine Aktie im Fondsvermögen schlecht, gibt es noch viele andere Aktien im Fonds, die es besser machen können. Das Risiko für Sie als Anleger wird also gestreut und damit stark minimiert. Im Börsenjargon sagt man, dass Sie mit einem Fonds diversifiziert anlegen.

ETFs sind die günstigeren Aktienfonds

ETFs (Exchange Traded Funds) haben keinen Fondsmanager, der entscheidet, welche Aktien gekauft oder verkauft werden. Hier bildet der Fonds – das sind ETFs ja auch – einfach einen festgelegten Index nach. Kaufen Sie beispielsweise Anteile an einem ETF, der den DAX nachbildet, entwickelt sich der ETF wie der Ihnen sicherlich aus den Nachrichten bekannte DAX-Index, der die Entwicklung der 40 größten deutschen Aktienunternehmen widerspiegelt.

Es gibt eine Vielzahl von Indizes, beispielsweise den amerikanischen Dow-Jones oder den S&P 500, der die 500 größten US-Unternehmen nachbildet. Weitere bekannte Indizes sind der Nikkei 225 mit den wichtigsten japanischen Unternehmen oder der MSCI World, der mehr als 1.600 Aktien der größten Industrieländer weltweit abdeckt. Da bei ETFs im Gegensatz zu gemanagten Aktienfonds kein Fondsmanager bezahlt werden muss, sind die Kosten bei ETFs deutlich geringer für Anleger. Während jährliche Managementgebühren von 1,5 bis 2 % bei gemanagten Fonds üblich sind, liegen diese bei ETFs zwischen 0 und 0,8 %. Der aktiv gemanagte Fonds müsste also jährlich 1 bis 2 % besser performen als ein ETF, nur um auf das gleiche Gesamtergebnis zu kommen. Dass das jedoch in den meisten Fällen nicht der Fall ist, bestätigen mittlerweile zahlreiche Studien.

Ihren Siegeszug traten ETFs kurz nach der Finanzkrise in Europa an. In den USA waren sie bereits schon länger verbreitet. Und heute sind sie aus den Depots nicht mehr wegzudenken.

Finanzen im Griff: Aktienfonds und ETFs über die Börse kaufen spart den Ausgabeaufschlag

Wenn Sie den Kauf eines Fonds bei Ihrer örtlichen Hausbank in Auftrag geben, kauft diese den Fonds in der Regel direkt bei der Fondsgesellschaft. Dafür wird dann ein sogenannter Ausgabeaufschlag fällig, der meist um die 5 % der Anlagesumme beträgt. Ohne Ausgabeaufschlag können Sie bei einer Direktbank, also einer Onlinebank wie ING, Consorsbank, Comdirect oder DKB über die Börse kaufen. Bei einer Anlagesumme von 10.000 Euro spart Ihnen das rund 500 Euro!

Mit Aktien, Aktienfonds und ETFs die Rendite steigern und Kaufkraft sichern

Aktien und damit auch Aktienfonds und ETFs schwanken in ihrer Wertentwicklung. Das Auf und Ab der Börsen haben Sie sicherlich auch schon verfolgt. Wer aber nach einem Kauf lange genug durchhält und sein Investment mindestens sieben bis zehn Jahre halten kann, hat in der Vergangenheit fast nie Verlust gemacht.

Eindrucksvoll zeigen dies zum Beispiel das DAX- und das Euro Stoxx-Rendite-Dreieck des Deutschen Aktieninstituts (www.dai.de). Daran können Sie ablesen, welche durchschnittlichen Renditen Sie erzielt hätten, wenn Sie im Zeitpunkt X den DAX oder Euro Stoxx 50 gekauft und zum Zeitpunkt Y wieder verkauft hätten.

Mit einem ETF auf diese Indizes ist ein Investment in diese Indizes leicht möglich. Wenn Sie mindestens 15 Jahre dabeigeblieben wären, hätte Ihre minimale Rendite 2,3 % im DAX und -0,3 % im Euro Stoxx betragen. Im besten Fall hätten Sie 15,4 % und 12,8 % pro Jahr erzielt und durchschnittlich immer noch beachtliche 8,8 % beziehungsweise 6,4 %. Amerikanische Indizes laufen erfahrungsgemäß noch etwas besser.

Ebenfalls sehr schön visualisiert finden Sie die Renditen des S&P 500 und des Dow Jones Index unter https://viz.traderfox.com/renditedreieck .

Finanzen im Griff: Trauen Sie sich in Aktieninvestments

Sie sollen nicht gleich Ihr ganzes Geld in Aktien und ETFs stecken. Fangen Sie ruhig mit einer kleinen Summe an und bekommen Sie ein Gefühl. Als Einsteiger-ETF könnten Sie einen ETF auf den MSCI-World Index oder den amerikanischen S&P 500 wählen. Für diese ETFs gibt es auch sogenannte Sparpläne, mit denen Sie monatlich einen festen Betrag meist schon ab 25 Euro anlegen können.

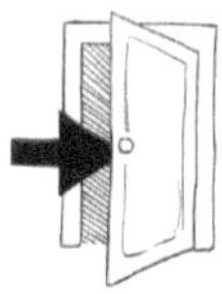

Das Feld der Aktien und Aktien-ETF ist weit. Hier verweisen wir zum Weiterlesen auf unsere Bücher „Alles über Fonds" und „Alles über Aktien", beide erschienen bei Stiftung-Warentest (3. bzw. 4. Auflage, beide 2021). Außerdem haben wir ein einstündiges Webinar „Fonds und ETFs" als Aufzeichnung, dass Sie bei uns unter www.private-finanzplanung-kuehn.de/veranstaltungen finden.

Mit Immobilien sind Sie vor Inflation und Währungsreformen geschützt

Menschen müssen irgendwo wohnen. Und deshalb wird eine Immobilie immer einen Wert haben. Selbst wenn die Wirtschaft vollständig in die Knie ginge oder wir eine Währungsreform bekämen, weil der Euro auseinanderbricht (was wir nicht erwarten), werden Immobilien bleiben und einen Wert haben. Sowohl mit dem Eigenheim als auch mit der vermieteten Immobilie haben Sie einen Sachwert, der effektiv vor Inflation schützen kann. Darauf gehen wir jetzt genauer ein.

Inflationsschutz mit der eigenen Immobilie

Sind Sie (noch) Mieter, haben Sie vermutlich schon erlebt, wie Ihr Vermieter die allgemein gestiegenen Kosten an Sie weitergeben kann und es trudelt in regelmäßigen Abständen eine Mieterhöhung bei Ihnen ein. Mit einem eigenen Haus oder einer eigenen Eigentumswohnung wären Sie davor gefeit.

Sofern Sie die neue Immobilie nicht komplett aus Ihrem derzeitigen Vermögen bezahlen könnten, müssten Sie dann zwar Zinsen für ein Darlehen an die Bank zahlen, sparten sich aber dafür die Miete. Mit dem Tilgungsanteil der sogenannten Annuität – Sie zahlen an die Bank einen immer gleichen Betrag, die Zinsen nehmen ab, die Tilgung steigt von Monat zu Monat– bauen Sie Vermögen auf. Irgendwann gehört die Immobilie Ihnen ganz allein. Bei einer Miete ist das Geld hingegen immer weg.

Natürlich fallen bei der eigenen selbstbewohnten Immobilie neben den Finanzierungskosten irgendwann auch Kosten für die Instandhaltung an. Hier haben Sie es als Eigentümer aber in der Hand, was wann zu welchem Preis gemacht wird. Und Sie können rechtzeitig Vorsorge dafür treffen.

Finanzen im Griff: Lohnt sich der Immobilienkauf auch für Sie?

Ob sich der Kauf einer eigenen Wohnung im Vergleich zur Miete finanziell für Sie rechnet, können Sie zum Beispiel mit dem kostenlosen Rechner der Stiftung Warentest unter https://www.test.de/Immobilien-Kaufen-oder-Mieten-1159353-0/ prüfen. Hier können Sie auch individuell eingeben, welche Preissteigerung Sie bei Mieten und welche Kostensteigerung Sie bei Instandhaltungskosten erwarten.

Lohnt sich Schuldenmachen bei Inflation?

Bei einer steigenden Inflation wird nicht nur Geldvermögen weniger wert, sondern auch ein Darlehen. Denn der Nominalbetrag eines Darlehens bleibt gleich, das Geld, das hinter dem Nominalbetrag steht, wird aber weniger wert. Man sagt daher pauschal, dass Inflation Schuldnern nützt und Gläubigern schadet. Allerdings lässt sich ein Darlehen nicht so einfach „weginflationieren". Nur wenn Ihr Einkommen auch mit der Inflation steigt, funktioniert die wundersame Schuldentilgung. Löhne und Gehälter wachsen aber nicht automatisch mit der Inflation mit, sondern können bestenfalls verzögert durchgesetzt werden. Sie müssen die Liquidität für die Bedienung eines Darlehens für die selbstgenutzte Immobilie trotzdem jederzeit sicherstellen und sollten sich daher nicht auf die Inflation verlassen.

Wie viel Immobilie können Sie sich leisten?

Bevor Sie sich auf die Suche nach der neuen Immobilie machen, klären Sie, wie groß Ihr finanzieller Spielraum ist. Dann können Sie Suchagenten zum Kauf einer Immobilie bei www.immoscout24.de und www.immowelt.de einrichten und diesen auf Ihren Preisrahmen einschränken. Das spart viel Zeit, denn Sie müssen sich nicht mit Anzeigen von Objekten beschäftigen, die Sie sich eh nicht leisten können. Das hat auch den psychologischen Vorteil, nicht ständig „Traumhäuser" außerhalb Ihrer Möglichkeiten angezeigt zu bekommen.

So gehen Sie vor:

1. Ermitteln Sie ihre monatliche Liquidität:

Monatliche Nettoeinkommen – fixe Kosten – Lebenshaltungskosten = monatliche Liquidität. Dazu dürfen Sie noch die monatliche Kaltmiete zählen, denn diese fällt ja nach dem Immobilienkauf weg.

2. Daraus können Sie den maximalen Darlehensbetrag ableiten:

Darlehensbetrag = [100 : (Zinssatz + Tilgungssatz)] x jährliche Liquidität

3. Der Darlehensbetrag (Fremdkapital) und Ihr freies / einsetzbares Vermögen ergeben die möglichen Anschaffungskosten der Immobilie:

Fremdkapital + Eigenkapital = Anschaffungskosten

Beispiel: Ihre monatliche Liquidität beträgt 1.000 Euro, Ihr Eigenkapital 171.429 Euro. Sie erhalten ein Darlehensangebot mit einem Zinssatz von 2 % und einer anfänglichen Tilgung von 1 %.

- Darlehensbetrag = [100 : (2+1)] x 12.000 Euro = 400.000 Euro
- 400.000 Euro + 171.429 Euro = 571.429 Euro

Ihre neue Immobilie kann bis zu 571.429 Euro kosten. Bei diesem Preis läge Ihre Eigenkapitalquote bei 30 %, was einer durchaus üblichen und empfehlenswerten Quote entspricht. Als anfängliche Tilgung jedoch würden wir immer mindestens 2 % empfehlen, damit es mit der Entschuldung auch voran geht.

Finanzen im Griff: Nutzen Sie Kreditvermittler

Sprechen Sie nicht nur mit Ihrer Hausbank über die Finanzierung. Dort bekommen Sie in der Regel nicht das günstigste Angebot und bei hohen und langfristigen Darlehen kommt es beim Zinssatz auf jede Nachkommastelle an. Häufig lohnt es sich, einen Kreditvermittler einzuschalten. Diese suchen auf Provisions- oder Honorarbasis das beste Kreditangebot für Ihr Immobilienprojekt.

Finanzen im Griff: In anderen Gegenden können Sie vielleicht günstiger wohnen

Wenn Sie in einer teuren Gegend wohnen, sollten Sie gedanklich auch einen Ortswechsel durchspielen. In Zeiten von Home-Office ist es vielleicht gar nicht mehr nötig, dass Sie möglichst schnell Ihre Arbeitsstelle erreichen. Überlegen Sie genau, welchen Teil Ihres Einkommens Sie für Wohnen ausgeben wollen. Möglicherweise kommt auch ein Arbeitsplatzwechsel in eine Gegend in Betracht, wo man nicht so viel verdient, aber dafür noch weniger für Miete und Eigenheim bezahlt.

Inflationsschutz mit vermieteten Immobilien

Wenn Sie Vermieter sind, können Sie Preissteigerungen durch Inflation an die Mieter weitergeben. Ein Jahr nach dem Einzug eines Mieters und dann frühestens ein Jahr nach der letzten Mieterhöhung können Vermieter Ihrem Mieter eine Mieterhöhung zukommen lassen, die dann ab dem Ablauf des übernächsten Monats gilt. Dabei dürfen Sie als Vermieter die Miete im Rahmen der Anpassung an die ortübliche Vergleichsmiete innerhalb von drei Jahren um 20 % (in manchen Städten und Gemeinden nur 15 %) erhöhen (§ 558 Abs. 3 BGB). Sie könnten auch eine Staffel- oder Indexmiete mit Ihrem Mieter vereinbaren. Dann steigt die Miete automatisch um den vereinbarten Betrag (Staffelmiete) oder entsprechend der Inflationsrate (Indexmiete).

In der Praxis sieht es jedoch manchmal anders aus. So mancher Vermieter möchte freundliche und pünktlich zahlende Mieter nicht durch ständige Mieterhöhungsschreiben verärgern. Das ist sicherlich richtig gedacht. Damit Ihnen die Inflation „nicht wegläuft“, ist es dennoch ratsam, in regelmäßigen Abständen die Miete zu erhöhen. Durch die gesetzlichen Beschränkungen kommen Sie sonst irgendwann nicht mehr hinterher. Bei einer Neuvermietung dürfen Sie in vielen Städten die Miete auch nicht beliebig festlegen, sondern müssen die letzte Miete als Maßstab nehmen. Wenn diese dann zu niedrig ist, schaffen Sie dann vielleicht keinen Inflationsausgleich mehr.

Niedrige Darlehenszinsen, aber häufig überhöhte Immobilienpreise

Die Darlehenszinsen sind historisch (noch) auf einem sehr niedrigen Niveau. Die Finanzierung einer Eigentumswohnung oder eines Hauses zur Vermietung ist daher durchaus interessant. Anders als bei einer Finanzierung für die selbstbewohnte Immobilie können Vermieter die Darlehenszinsen (und die Instandhaltungskosten) auch steuerlich als Werbungskosten geltend machen. Ein Immobilienkauf nur aus Eigenmitteln lohnt sich daher in der Regel nicht.

Da sowohl die Anlage- als auch Darlehenszinsen lange Zeit so niedrig waren, haben viele Anleger auch in Immobilien investiert. Die hohe Nachfrage führte zu höheren Preisen. In einigen Gegenden Deutschlands, wie beispielsweise im Raum München, werden teilweise aberwitzige Preise für Immobilien verlangt. Es ist aber nicht in Stein gemeißelt, dass Immobilienpreise immer steigen und Sie auch bei einem teuren Einkauf später beim Verkauf Gewinn machen. Vielmehr gilt: Eine vermietete Immobilie sollte sich auch ohne Wertsteigerung rechnen. Diese kann gern später das „Sahnehäubchen“ sein, rechnen sollte sich die Immobilie aber dank der eingenommenen Mieten und eines guten Finanzierungskonzepts.

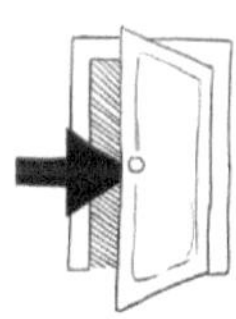

In diesem Ratgeber können wir nicht in die Tiefe der einzelnen Anlagearten eingehen. Alles, was Sie zum Thema „Immobilien als Kapitalanlage“ wissen müssen, finden Sie in unserem „Handbuch Geldanlage“, erschienen bei Stiftung Warentest.

Wie viel sollten Sie in vermietete Immobilien investieren?

Bei einer vermieteten Immobilie gibt es ganz verschiedene und individuelle Ansatzpunkte, wie Sie die richtige Investitionshöhe herausfinden. Einige wichtige Gesichtspunkte sind:

- Zins + Tilgung + Unterhalt der Immobilie sollten weitestgehend durch Mieteinnahmen und Steuerersparnis finanziert werden.
- Ausgehend von Ihrer gesamten Vermögensaufteilung (Liquidität, Aktien, Zinsanlagen, Rohstoffe) ergibt sich aus einem bestimmten Immobilien-Prozentsatz die sinnvolle Investitionshöhe. Der Prozentsatz wiederum hängt von Ihren persönlichen Präferenzen ab.
- Wenn Sie einen bestimmten Geldbetrag beispielsweise zum Inflationsschutz anlegen wollen, bestimmt sich anhand von Renditeberechnungen der optimale Fremdfinanzierungsanteil. Fremdkapital und Geldbetrag zusammen ergeben die optimale Investitionshöhe.

Finanzen im Griff: Schützen Sie sich vor staatlicher Repression gegenüber Immobilienbesitzern

Die schönste Renditerechnung kann danebenliegen, wenn der Staat Maßnahmen gegen Immobilienbesitzer ergreift. Ein Beispiel für solche Eingriffe war der Berliner Mietendeckel, mit dem der Berliner Senat das Einfrieren, Deckeln und

Absenken von Mieten für fünf Jahre in Berlin durchsetzen wollte. Das Gesetz wurde allerdings vom Bundesverfassungsgericht gestoppt. Auch die „Mietpreisbremse“ war so eine Maßnahme, die eine langfristige Planung störte. Derzeit ist in den Medien immer wieder vom „energetischen Sanierungszwang“ und der Verteilung der CO2-Umlage auch auf die Vermieter zu hören. Wenn Sie bereits jetzt auf Immobilien mit sehr guten Energiestandards (wie KfW 40 +) achten, können Sie sich möglicherweise später teure Sanierungen sparen. Überdies machen Sie sich beziehungsweise Ihre Mieter unabhängiger von Nebenkosten für Gas oder Öl (für die Heizung) und Strom, wenn Ihre Immobilie mit Wärmepumpe und PV-Anlage ausgestattet ist.

Immobilien für den kleinen Geldbeutel – Immobilienfonds und ETFs

Wie im Bereich der Aktien gibt es auch Investmentfonds, die in Immobilien (statt in Aktien) investieren. Handelt es sich um gemanagte Fonds, heißen sie offene Immobilienfonds. Diese investieren überwiegend in Gewerbeimmobilien wie Bürogebäude, Einkaufszentren oder Hotels. Sie können sich damit schon ab wenigen Hundert Euro an Immobilien beteiligen. Sie sind allerdings kein liquides Wertpapier wie Aktien- und Anleihenfonds. Zwar ist grundsätzlich ein Verkauf über die Börse möglich, das setzt aber voraus, dass Sie einen Käufer für Ihren Anteil finden. Eine Rückgabe über die Fondsgesellschaft ist frühestens nach zwei Jahren möglich.

Immobilien-ETF bilden Indizes von Aktiengesellschaften nach, die Immobilien bewirtschaften, entwickeln oder bauen. Es gibt diverse Indizes, die sich auf globale oder regionale (zum Beispiel Asien, Europa) tätige Unternehmen beziehen.

Finanzen im Griff: Immobilienfonds nur als Beimischung

Offene Immobilien-Fonds oder Immobilien-ETFs sollten maximal eine Beimischung in Ihrem Portfolio sein. Sie haben zwar den Vorteil des geringen Aufwands und der Diversifizierung gegenüber Direktinvestments; eine Fremdfinanzierung, die steuerlich und „inflationstechnisch" grundsätzlich vorteilhaft ist und die Rendite hebeln kann, ist hingegen nicht möglich. Anders als bei einem Direktinvestment sind Veräußerungsgewinne auch nach mehr als zehn Jahren Haltedauer steuerpflichtig.

Der Sachwert-Klassiker: Gold

Gold war schon immer bei Menschen begehrt und ein Mittel, um Reichtum anzusammeln und zu konservieren. Viele Beispiele zeigen, wie Gold über die Jahrhunderte wertbeständig blieb. So soll beispielsweise im alten Rom eine gute Tunika rund eine Unze Gold gekostet haben. Heute bekommen Sie für den Preis einer Unze (je nach Eurokurs und Goldpreis circa 1.500 bis 1.800 Euro in den letzten zwei Jahren) ebenfalls einen guten Maßkonfektions-Anzug. Auch hat Gold sämtliche Währungsreformen überstanden und ist in der Schmuckindustrie nicht wegzudenken.

Eine Feinunze Gold, die die standardisierte Gewichtsangabe für Barren und Münzen ist, wiegt nur rund 31,1 Gramm - so viel wie eine Drittel Tafel Schokolade. Für den Preis einer Unze Gold erhält man je nach Schokoladensorte und aktuellem Goldpreis zwischen 1.500 und 2.000 Tafeln Schokolade. Eine Unze Gold lässt sich aber viel leichter transportieren. Für einen Kilobarren Gold erhält man einen gehobenen Mittelklassewagen. Gold wird auf der ganzen Welt als wertvoll angesehen und akzeptiert.

Das liegt unter anderem auch daran: Gold ist selten und knapp, seine Förderung kann nicht beliebig ausgeweitet werden. Rund 17 Prozent der weltweiten Bestände liegen in den Tresoren der Noten- und Zentralbanken der Länder, die seit der Finanzkrise 2008 immer mehr dazu übergegangen sind, die Goldreserven aufzustocken. Würde man alles Gold der Welt in einen Würfel packen, hätte dieser eine Kantenlänge von (nur) rund 22 Metern.

Finanzen im Griff: Anlagegold anonym kaufen

Sie können Gold im Wert von unter 2.000 Euro anonym und bar kaufen. Dies ist eine der wenigen noch verbliebenen (und legalen) Möglichkeiten, Vermögenswerte anzuschaffen, die nicht per Knopfdruck nachvollziehbar wären. Kaufen Sie Gold bei einem der großen Goldhändler wie Degussa oder Proaurum und nicht bei Ihrer Hausbank. Die Goldhändler bieten in der Regel bessere Preise. Zum Gebührenvergleich können Sie das Vergleichsportal www.gold.de nutzen. Kaufen Sie nur anerkannte und standardisierte Goldmünzen zur Kapitalanlage wie Krügerrand, Maple Leaf, Känguru oder Philharmoniker, deren Preis direkt von der Entwicklung des Goldpreises abhängt. Bei Sammlermünzen hingegen liegt der Preis meist deutlich über dem reinen Goldpreis und Sie zahlen einen spekulativen Sammleraufschlag.

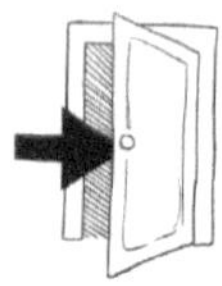

Eine regelmäßig aktualisierte Übersicht, wo Sie Gold kaufen können sowie Wertpapierkennnummern für Gold-ETCs finden Sie hier: www.finanzen-im-griff.net.

Nachteile von Gold

Der Haken bei einem Goldinvestment ist: Sie bekommen weder Zinsen noch Dividenden. Solange die Realzinsen (marktübliche Zinsen abzüglich Inflation) negativ sind, ist das grundsätzlich kein Problem. Steigen aber die Zinsen, wird Gold unattraktiver, da die vermeintlich ebenfalls sicheren Zinsanlagen Anlagealternativen bieten. Dann drohen Kursrückgänge beim Gold. Da Gold weltweit in US-Dollar gehandelt wird, ist der Preis in Euro vom Dollar/Euro-Wechselkurs abhängig. Das birgt ein Währungsrisiko beziehungsweise eine Währungschance für Sie.

Finanzen im Griff: Gold als Wertpapier

Wenn Sie Gold nicht in physischer Form (Münzen, Barren) kaufen wollen, können Sie auch Wertpapiere kaufen, die den

Goldpreis nachbilden. Sie funktionieren im Prinzip wie die Ihnen schon bekannten ETFs, sind aber rechtlich keine Investmentfonds, sondern Anleihen. Allerdings sind die gängigen und empfehlenswerte Produkte wie Xetra-Gold und Euwax Gold II mit echtem Gold hinterlegt.

Gold ist ultimative Krisenwährung

Betrachten Sie Gold, vor allem in physischer Form, als Ihre Krisenvorsorge für den schlimmsten Fall. Der Wert kann stark schwanken und es gibt keine Erträge. Fünf bis zehn Prozent Ihres Portfolios kann der Goldanteil durchaus ausmachen, sollte aber nur eine Beimischung zu Ihren anderen Kapitalanlagen sein. Im besten Fall müssen Sie es nie anrühren und können es an Ihre Kinder vererben.

Viele unserer Mandanten fragen auch nach Silber. Grundsätzlich gilt auch hier, dass physisches Silber Wertpapieren auf Silber vorzuziehen sind. Allerdings hat Silber einen Nachteil: Sie müssen bei Barren mit 19 % Mehrwertsteuer und bei Münzen mit ca. 7 % aus der Differenzbesteuerung rechnen. Das macht Silber unattraktiver als Gold. Außerdem müssen Sie für die Lagerung des gleichen Wertes von Silber und Gold viel mehr Platz für Silber einplanen – auch das ist ein weiteres Argument gegen Silber.

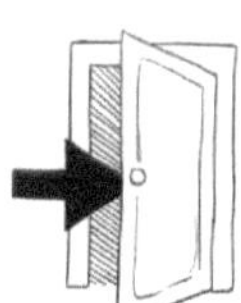

Hier gibt es in Silvis Clever Money Kanal ein Video zum Thema Gold:

https://t2m.io/Q1LMvC34

Inflationsschutz mit Bitcoin und Kryptowährungen?

Kryptowährungen sind rein virtuelles Geld. Kryptografie ist die Wissenschaft zur Verschlüsselung von Informationen und auf diesem Prinzip beruhen die digitalen Währungen. Alle Informationen (Daten) zu Inhabern und Bewegungen werden verschlüsselt gespeichert. Dies wird durch das Blockchain-System, auf dem die Kryptowährungen aufbauen, sichergestellt.

Es handelt sich dabei um ein dezentrales Computernetzwerk, das die Konten sowie alle bisherigen Transaktionen als Block abspeichert und an die Kette (Chain) bisheriger Transaktionen anhängt. Das Netzwerk ist dezentral, da - anders als bei den herkömmlichen Währungen – keine Notenbanken, Regierungen oder Finanzinstitutionen zwischengeschaltet werden.

Bitcoin ist die bekannteste Kryptowährung mit der höchsten Marktkapitalisierung. Die maximale Summe an Bitcoins, die produziert werden können, ist systemtechnisch auf 21 Millionen beschränkt. Aktuell wurden bereits rund 19 Millionen digital „geschürft". Aufgrund der beschränkten Menge sehen einige Fachleute Bitcoin als „das neue Gold" an. Andere widersprechen:

Im Gegensatz zu Gold sei Bitcoin ein rein virtueller Wert, der vom Vertrauen der Marktteilnehmer abhänge. Es sei nicht wertstabil, was die hohen Preisschwankungen der Vergangenheit zeigen, ein Totalverlust sei möglich. Bitcoin sei ein reines Spekulationsobjekt.

Finanzen im Griff: So kaufen Sie Bitcoin & Co.

In der Reinform benötigen Sie zum Handel von Kryptowährungen eine virtuelle Geldbörse (Wallet), die dazu dient, das Eigentum an Kryptowährungen nachzuweisen und um diese ausgeben und empfangen zu können. Über spezialisierte Handelsplattformen im Internet wie www.coinbase.com oder www.kraken.com können Sie mit Ihrer Wallet dann handeln. Die Wallet ist mit einem Depot vergleichbar. Das besondere aber ist, dass Sie, wenn Sie den „Schlüssel“ zu Ihrer Wallet verlieren, nie mehr an Ihre Kryptowährungen herankommen. Man sagt in der Krypto-Szene „not your keys, not your coins“, frei übersetzt „wer den Schlüssel hat, hat das Geld“.

Über Online-Portale oder Trading-Apps von sogenannten Neobrokern wie www.traderepublic.com oder www.justtrade.com können Sie mittlerweile auch einige Kryptowährungen wie Bitcoin, Ethereum oder Litecoin direkt und ohne Wallet handeln.

Weiterhin gibt es immer mehr Zertifikate, mit denen Anleger auf die Wertentwicklung von Kryptowährungen setzen können.

Bitcoin und andere Kryptowährungen sind kein klassischer Sachwert zum Inflationsschutz. Es gibt keine Gewähr, dass bei steigenden Preisen von Gütern und Dienstleistungen auch der Wert von Kryptowährungen steigt. Mittlerweile akzeptieren einige auch bekanntere Unternehmen Bitcoin als

Zahlungsmittel. Eine Landkarte der „Bitcoin-Akzeptierer“ finden Sie unter https://coinmap.org.

Mit der zunehmenden Akzeptanz wird die Bedeutung der Kryptos vermutlich weiter steigen. Vorläufig sind sie aber noch sehr schwankungsanfällig. Sie sollten nur einen kleinen Anteil Ihrer Gesamtanlagen ausmachen oder und darüber hinaus von Ihnen als „Zockerei“ betrachtet werden.

Inflationsgeschützte Anleihen – Sicher Geld verdienen mit Inflation?

Inflationsgeschützte Anleihen sind Anleihen, bei denen die Zinszahlungen (und oft auch) der Rückzahlungsbetrag von der Inflationsentwicklung abhängt. Dazu werden diese Zahlungen mittels einer Indexverhältniszahl an das aktuelle Inflationsniveau angepasst. Ist die Inflation niedrig oder niedriger als erwartet, liegt die Verzinsung der inflationsgeschützten Anleihen unter dem marktüblichen Zins. Inflationsanleihen sind - wie andere Anleihen auch – keine Sachwerte, sondern modifizierte Nominalwerte. Sie lohnen sich vor allem, wenn Sie mit einer weiter stark steigenden Inflation rechnen. Bei einer gleichbleibenden, leicht steigenden oder gar fallenden Inflation bleibt die Rendite hinter „normalen“ Anleihen zurück, da auch bei diesen eine gewisse Inflationsrate im Zins berücksichtigt ist.

Sollten die Zinsen steigen, dann leiden auch inflationsgeschützte Anleihen unter Kursverlusten. Denn niemand möchte dann mehr die „alten“, schlecht verzinsten Anleihen kaufen. Sollte also eine Zeit mit hoher Inflationserwartung mit Zinssteigerungen zusammenkommen, kann es sein, dass die Kursverluste überwiegen.

Finanzen im Griff: Achten Sie auf die „Verpackung“

Banken und Emittenten von inflationsgeschützten Anleihen verpacken diese gern in Fonds mit hohen Provisionen und Kosten. Besser für Sie sind meist ETFs, die inflationsgeschützte Unternehmensanleihen oder inflationsgeschützte Staatsanleihen abbilden.

Wenn Sie lieber einzelne Anleihen kaufen möchten, werden Sie zum Beispiel beim deutschen Staat fündig. Er begibt inflationsindexierte Bundeswertpapiere mit Laufzeiten von 5, 10 oder 30 Jahren. In den USA gibt es diese auch, sie heißen dort „Treasury inflation-protected security (TIPS)“.

Sammeln gegen die Inflation

Auch Sammlerstücke und Luxusgegenstände sind grundsätzlich knappe Güter, die von Geldwertschwankungen unabhängig sind und einen eigenen materiellen Wert haben. Gemälde und andere Kunstgegenstände, Luxusartikel wie Uhren, Schmuck, edle Weine und Spirituosen oder Oldtimer sind damit Sachwerte, die vor Inflation schützen können.

Finanzen im Griff: Die emotionale Rendite in den Vordergrund stellen

Wenn Sie kein besonderer Kenner wertvoller Sammlerstücke sind, sollten Sie nur darin investieren, wenn Sie es sich wirklich leisten können und sich auch daran erfreuen können, wenn diese nicht im Wert steigen oder wenigstens stabil bleiben. Selbst für erfahrene Fachleute ist es häufig schwer, abzuschätzen, ob beispielsweise ein Gemälde im Wert steigen wird. Das hängt von vielen Unwägbarkeiten ab, insbesondere wie vielen Menschen das Werk gefällt, ob sie darin eine Bedeutung sehen und natürlich wie viel sie bezahlen wollen. Einen echten Inflationsschutz bieten wohl nur anerkannte Klassiker, diese Werke sind aber meistens schon jetzt unbezahlbar.

Finger weg von geschlossenen Fonds

Dieses Kapitel können wir kurz halten: Von geschlossenen Fonds (die jetzt Alternative Investmentfonds heißen und nicht mit offenen Investmentfonds wie Aktienfonds und ETFs verwechselt werden sollten), können Sie getrost die Finger lassen. Anleger beteiligen sich an Unternehmen, die in Einkaufszentren, Bürogebäude, Windräder oder Schiffe investieren. Es handelt sich zwar grundsätzlich um ein Sachwert-Investment, es gibt jedoch nur eine Handvoll geschlossener Fonds, die in der Vergangenheit einen Gewinn für die Anleger erwirtschafteten. Banken und Fondsgesellschaften verdienen hingegen sehr gut an hohen Provisionen - deshalb sind diese Anlagen im Vertrieb sehr beliebt.

Mit Bier, Käse oder speziellen Projekten gegen die Inflation

Es muss nicht immer Geld als Rendite sein. Einige mittelständische und Kleinunternehmen bieten Anlegern besondere Erträge in Form von Naturalrenditen. So gibt es unter anderem Fleischereien, Käsereien, Gaststätten und Bauernhöfe, die Anlegern selbst hergestellte Produkte als Zins für deren Anlage in den Betrieb zahlen. Da gibt es dann beispielsweise einmal jährlich ein Paket mit verschiedenen Käsesorten von der Bio-Käserei oder ein Gratis-Essen im Gasthof für eine Investition von ab 100 Euro. Rechtlich sind diese Investments häufig als Genussrechte (der Begriff ist nicht wörtlich gemeint) ausgestaltet oder sie werden über Crowdfunding-Plattformen angeboten.

Finanzen im Griff: Naturalrenditen sind riskant, machen aber Spaß

Crowdfunding-Projekte und Genussrechte bergen ein Totalausfallrisiko. Sie sollten daher mehr den „Spaß-Faktor" dieser Anlagen sehen und nur mit Beträgen investieren, deren Verlust Sie auch verschmerzen können. Trotzdem können wir aus eigener Erfahrung sagen, dass diese Anlagen Spaß machen. So gehen wir seit über sieben Jahren einmal im Jahr zum Dividenden-Essen ins Wirtshaus Feldwies am Chiemsee.

Schnüren Sie Ihr Anti-Inflations-Paket und erhöhen Sie Ihre Rendite drastisch

Sie kennen nun die wichtigsten Sachwerte, die Vor- und Nachteile von Zinsanlagen und dazu Ihre persönliche Inflationsrate. Nun geht es darum, dass Sie die Maßnahmen ergreifen, die Ihnen heute die Ausgaben erträglich erscheinen lassen und mit denen Sie Ihr Vermögen so aufbauen, dass Sie Ihre Ziele, wie zum Beispiel Ihre Altersvorsorge erreichen. Wir fassen für Sie einige Ideen zusammen, von der Vermeidung von Strafzinsen bis zur Absicherung Ihrer Energiekosten.

Nie wieder: Strafzinsen auf Giro- und Tagesgeldern

Deutschlands Sparer haben Geld in Höhe von über 2,5 Billionen Euro auf Giro- und Tagesgeldkonten liegen. Auch ohne Berücksichtigung der am Wert nagenden Inflation ein Verlustgeschäft. Denn in Deutschland verlangen mittlerweile hunderte Privatbanken, Sparkassen sowie Volks- und Raiffeisenbanken Negativzinsen von ihren Kunden. Die Banken selbst sprechen natürlich nicht von Straf- oder Negativzinsen, sondern nennen diese beschönigend „Verwahrentgelte“. Üblich ist ein Zinssatz von minus 0,5 % auf Gelder, die auf Giro- und Tagesgeldern geparkt sind. Ein Girokonto hat grundsätzlich jeder Erwachsene in Deutschland. Das ist das Konto, auf dem beispielsweise Ihr Gehalt oder Ihre Rente eingehen und von dem laufende Ausgaben für Miete, Strom, Heizung und Wasser abgebucht oder gezahlt werden.

Ein Tagesgeldkonto ist ein Konto ohne festgelegte Laufzeit, über das Sie täglich verfügen können. Anders ist das bei einem Festgeld, dort kommen Sie während der vereinbarten Laufzeit nicht an Ihr Geld. Das Tagesgeldkonto wird als reines Guthabenkonto geführt, Sie können dieses also nicht überziehen, Überweisungen und Daueraufträge sind damit nicht möglich. Dafür benötigen Sie Ihr Girokonto. Im Gegensatz zum Girokonto sind Tagesgeldkonten - zumindest bei Direktbanken im Internet – noch gering verzinst. Der Zinssatz ist variabel, kann sich also jederzeit ändern.

Haben Sie bereits ein Depot – dieses benötigen Sie, wenn Sie Wertpapiere kaufen und verwahren wollen – haben Sie auch ein Wertpapieranlagekonto, auch Verrechnungskonto genannt. Das ist das Konto, auf dem Sie Gelder für den nächsten Wertpapierkauf bereitstellen und auf das Veräußerungserlöse, Dividenden und Anleihezinsen gezahlt werden. Auch für dieses erheben Banken meist Strafzinsen oft bei geringen Freibeträgen.

Sparbücher zählen bei einigen Banken zu den Einlagen, auf die Verwahrentgelt erhoben wird. Dagegen gehen aber bereits Verbraucherzentralen vor, denn es ist rechtlich umstritten, ob das erlaubt ist.

Unterschiedliche Freibeträge bei Banken

Unterschiede gibt es bei der Höhe des Freibetrags, bis zu dem Kreditinstitute keinen Negativzins erheben beziehungsweise ab welcher Anlagesumme Strafzinsen fällig werden. Ursprünglich lag die Grenze meist bei 100.000 Euro. Diese Grenze ist jedoch schon länger kein Standard mehr. Freibeträge bis nur noch 50.000, 25.000 oder mitunter gar 1.000 Euro sind mittlerweile üblich. Auch wenn Sie nicht so hohe Anlagesummen zum Parken haben, sollten Sie beachten, dass manche Banken faktisch Negativzinsen verlangen, indem Sie beim Tagesgeldkonto eine monatliche Gebühr in Rechnung stellen.

Finanzen im Griff: Hier werden Strafzinsen erhoben

Eine regelmäßig aktualisierte Liste von Banken mit Negativzinsen und den Beträgen, ab dem die Verwahrentgelte erhoben werden, finden Sie unter:

https://www.verivox.de/geldanlage/themen/negativzinsen/

So wird der Strafzins berechnet

Angenommen, Sie haben ein Tagesgeldkonto bei einer Bank, die einen Freibetrag von 50.000 Euro gewährt und einen Negativzins von -0,5 % berechnet. Haben Sie dort 80.000 Euro geparkt, wird der Strafzins nicht auf die volle Summe, sondern nur auf den Betrag oberhalb des Freibetrags berechnet. Sie müssen also (nur) für 30.000 Euro Strafzinsen zahlen. Das wären 150 Euro im Jahr. Diese Ausgabe können Sie leicht vermeiden und das Geld zum Ausgleich der gestiegenen Lebenshaltungskosten verwenden. Oder Sie erhöhen damit Ihren monatlichen Sparplan für die Altersvorsorge.

Negativzinsen müssen mit Bestandskunden vereinbart werden

Es reicht nicht, dass eine Bank einfach ihren Preisaushang ändert, damit sie Konten von Bestandskunden dann mit

Strafzinsen belasten darf. Grundsätzlich ist dafür eine individuelle Vereinbarung mit dem Kunden erforderlich und erst ab dem Datum der Unterschrift kann die Bank ihn mit dem „Verwahrentgelt" belasten. Das hat der Bundesgerichtshof im April 2021 (Az. XI ZR 26/20) entschieden. Banken schreiben daher ihre Bestandskunden an (oder haben dies bereits getan) und fordern sie auf, eine „Verwahrentgeltvereinbarung" zu unterschreiben. Eine echte Alternative – außer die Bank zu wechseln – haben Kunden dann meist nicht. Weigern sie sich, kündigt die Bank ihnen. Als Neukunde bekommen Sie bei einer Bank mit Strafzinsen schon gar kein Konto, wenn Sie mit dem Verwahrentgelt nicht einverstanden sind.

Es gibt einzelne Gerichtsentscheidungen, in denen bestimmte Vorgehensweisen von Banken für rechtswidrig erklärt wurden. Verbraucherzentralen setzen sich hier immer wieder für die Kundeninteressen ein, können aber die allgemeine Praxis der Geldhäuser in der Breite nicht ändern. Wenn die Negativzinsen mit dem Kunden wirksam „vereinbart" wurden, sind die Banken auf der sicheren Seite.

Die Strafzinslüge – Banken verdienen gut im Niedrigzinsniveau

Deutsche Kreditinstitute versuchen, der Europäische Zentralbank (EZB) den schwarzen Peter zuzuschieben. Denn wenn die Banken Geld, das Sparer bei ihnen einlegen, wiederum bei der EZB parken, müssen sie dort einen negativen Einlagezins von derzeit minus 0,5 % zahlen. Was die Banken ihren Kunden aber gerne verschweigen, ist, dass die EZB ihnen einen Freibetrag in Höhe des Sechsfachen der sogenannten Mindestreserve einräumt. Diese beträgt 1 % der täglich verfügbaren Kundeneinlagen der jeweiligen Bank.

Somit ist erst einmal ein Betrag in Höhe von 6 % der täglich verfügbaren Kundeneinlagen einer Bank, den diese bei der EZB deponiert, strafzinsfrei.

Banken parken auch nicht 100 % ihrer Kundeneinlagen bei der EZB. Einen Teil halten sie für ihr Tagesgeschäft vor, den größten Teil verleihen sie als Kredite wieder an Privatleute und Unternehmen. Dafür bekommen sie dann auch in Form von Darlehenszinsen Geld von den Darlehensnehmern. Darüber hinaus hat die EZB Programme für Langfristfinanzierungen aufgelegt, mit dem Banken während der Coronapandemie ausreichend mit Liquidität versorgt und der Kreditfluss an die Wirtschaft zu günstigen Finanzierungsbedingungen gewährleistet werden sollte. Banken, die diese Programme - TLTRO (Targeted Longer Term Refinancing Operations) und PELTRO (Pandemic Emergency Longer Term Refinancing Operations) genannt – anzapfen, erhalten dafür eine Prämie von der EZB in Höhe von 0,5 bis 1 %.

Banken können also mit dem eingelegten Geld ihrer Kunden dreifach kassieren: Verwahrentgelte von den Kunden, Darlehenszinsen von Kreditnehmern und Prämien der EZB.

Doch es geht noch besser. Viele Banken nutzen die Verwahrentgelte als Vertriebsturbo, um ihre Kunden vor Negativzinsen zu „bewahren“. So werden diesen häufig „strafzinsfreie“ Produkte angeboten, mit denen die Bank hohe Provisionen verdienen kann. Dazu zählen insbesondere Fonds mit hohen Ausgabeaufschlägen, Lebensversicherungen und Bausparverträge.

Finanzen im Griff: Kein Mitleid

Sparen Sie sich Ihr Mitleid für „die armen, EZB-geplagten Banken“ und sehen Sie zu, dass Sie Ihr Geld rentabel anlegen.

Warum Strafzinsen auch gut sind

Legt man die durchschnittliche Verzinsung aller Tagesgeldkonten in Deutschland in den vergangenen Jahren zugrunde und zieht davon die jeweilige Inflationsrate ab, erzielten Sparer schon seit dem Jahr 2003 keinen positiven Realzins mehr, wie die Abbildung 7 zeigt. Eine Ausnahme gab es lediglich im Jahr 2009, wo die extrem niedrige Inflation von 0,3 % für die Sparer arbeitete.

Die Deutschen, „das Volk der Sparer“, haben also schon lange viel Geld an die Inflation verloren, aber unbeirrt an ihrer Strategie festgehalten. Tagesgeld und Sparbuch – auf letzterem erzielte man in der Vergangenheit noch weniger Zins als auf einem Tagesgeldkonto – waren und sind die beliebtesten Anlageformen. Das zeigen jährliche Untersuchungen zum Sparverhalten der Deutschen. Bei jeder jährlichen Aktualisierung unseres „Handbuches Geldanlage“ müssen wir feststellen, dass die Deutschen immer noch weit häufiger auf Sparbuch (43 %) und Tagesgeldkonto (21 %) anlegen als in Investmentfonds (23 %) und Aktien (17 %).

Mit Einführung der Verwahrentgelte kommt es aber langsam zu einem Bewusstseinswechsel. Erst jetzt merken viele, dass sie sich um ihr Geld kümmern müssen, damit es nicht weniger wird. Was niedrige Sparzinsen und Inflation nicht geschafft haben, bewirken nun langsam die Negativzinsen. Es ist natürlich auch offensichtlicher, dass das Sparvermögen weniger wird, wenn „aktiv“ 0,5 % Strafzinsen abgezogen und auf dem Konto ausgewiesen werden, als wenn die Inflation heimlich am Vermögen nagt.

	Inflation	durchschnittlicher Zinssatz Tagesgeld	Realzins
2021	3,1%	0,0%	-3,1%
2020	0,5%	0,0%	-0,5%
2019	1,4%	0,0%	-1,4%
2018	1,8%	0,0%	-1,8%
2017	1,5%	0,0%	-1,5%
2016	0,5%	0,1%	-0,4%
2015	0,5%	0,2%	-0,3%
2014	1,0%	0,3%	-0,7%
2013	1,4%	0,4%	-1,0%
2012	2,0%	0,7%	-1,3%
2011	2,1%	0,8%	-1,3%
2010	1,1%	0,7%	-0,4%
2009	0,3%	1,1%	0,8%
2008	2,6%	1,9%	-0,7%
2007	2,3%	1,7%	-0,6%
2006	1,6%	1,4%	-0,2%
2005	1,5%	1,2%	-0,3%
2004	1,7%	1,1%	-0,6%
2003	1,1%	1,1%	0,0%
2002	1,3%	1,8%	0,5%
2001	2,0%	2,3%	0,3%
2000	1,4%	2,1%	0,7%
1999	0,6%	1,8%	1,2%
1998	0,9%	2,0%	1,1%
1997	2,0%	2,0%	0,0%

Abbildung 7: Realzinsen auf Tagesgeldkonten seit 1997

So vermeiden Sie Strafzinsen

Strafzinsen lassen sich nicht nur leicht vermeiden, die Alternativen sind auch viel besser für Ihr Vermögen und Ihre Altersvorsorge. Grundsätzlich können Sie Ihre Rendite immer schnell, leicht und effektiv verbessern, wenn Sie sich nur etwas mehr als der Durchschnittsbürger um Ihre Anlagen kümmern.

Das können die Kursteilnehmer unseres Coaching-Kurses (www.finanzen-im-griff.net) bestätigen. Schon nach dem ersten Abend zahlt niemand mehr Strafzinsen.

Nachfolgend sehen Sie, wie auch Sie leicht Negativzinsen vermeiden können und damit die Rendite Ihrer Anlagen um mindestens 0,5 % (gesparter Strafzins) erhöhen. Bei beispielsweise 50.000 Euro sind das schon 250 Euro – pro Jahr.

Sprechen Sie mit Ihrer Bank

Sind Sie ein guter Kunde Ihrer Bank, können Sie versuchen, über das Verwahrentgelt zu verhandeln. Falls die Bank Ihnen anbietet, auf Strafzinsen zu verzichten, wenn Sie im Gegenzug ein bestimmtes Produkt abschließen, sollten Sie äußerst skeptisch sein. Häufig versucht die Bank dann, Ihnen provisionsträchtige Produkte „unterzujubeln“, die Sie häufig teurer als ein Verwahrentgelt kommen.

Beliebt sind beispielsweise Angebote, die „Fest und Fonds“ oder so ähnlich heißen. Diese sind häufig so konstruiert, dass Sie die eine Hälfte Ihres Anlagebetrags in einen Investmentfonds anlegen, die andere in eine Festgeldanlage mit einem Zinssatz, der etwas besser als der derzeit marktübliche Zins ist. Wollen Sie beispielsweise 100.000 Euro vor 0,5 % (500 Euro) Strafzinsen retten, könnte das Angebot der Bank so aussehen: 50.000 Euro werden zu 2 % Zinsen auf ein Festgeld gelegt, 50.000 Euro in einen hauseigenen Fonds der Bank.

Sie erhalten dann 1.000 Euro Zinsen auf Ihr Festgeld. Für den Fonds müssen Sie 5 % Ausgabeaufschlag zahlen, das sind 2.500 Euro. Es ist dann praktisch so, als würden Sie sich Ihre Zinsen selbst zahlen. Schlimmer noch: Kaufen Sie einen kostengünstigen ETF bei einer Direktbank im Internet oder einem sogenannten Neobroker über eine Handy-App, würden Ihnen Gebühren zwischen 0 und 69 Euro (statt 2.500 Euro Ausgabeaufschlag) entstehen. Sie sollten daher Bankangebote, die Ihnen zur Vermeidung von Strafzinsen angeboten werden, sehr argwöhnisch prüfen.

Suchen Sie sich eine andere Bank

Wenn Ihre Bank Ihnen Strafzinsen in Rechnung stellt oder nicht lukrative Alternativangebote macht, ist die naheliegendste Lösung, eine andere Bank zu suchen, die noch keine Negativzinsen erhebt. Zumindest könnten Sie Ihre Tagesgelder so auf mehrere Banken verteilen, dass Sie insgesamt unter den Negativzins-Freibeträgen bleiben.

Finanzen im Griff: Mit einem Zinsportal bequem mehrere Banken abdecken

Wenn Sie bei www.weltsparen.de oder www.check24.de ein Konto eröffnen, können Sie es dort auf mehrere Banken mit dem besten Tagesgeld-Zins verteilen. Weltsparen und Check24 sind Zinsportale, die quasi als Vermittler für Tages- und Festgelder anderer Banken fungieren. Ein großer Vorteil ist die Bequemlichkeit. Sie müssen nicht bei jeder Bank separat den Kontoeröffnungsprozess nebst Legitimierung durchlaufen, sondern nur einmal bei dem Zinsportal.

Für Wertpapiere gibt es keine Minuszinsen

Verwahrentgelte berechnen Banken nur für sogenannten Einlagen auf Giro-, Tages- und Wertpapieranlagekonten, nicht aber für Wertpapiere selbst. Wertpapiere sind grob gesagt alle Anlagen, die mit einer Wertpapierkennnummer (WKN) beziehungsweise einer International Securities Identification Number (ISIN) gekennzeichnet sind. Dazu gehören insbesondere Aktien, Anleihen, aktiv gemanagte Investmentfonds und ETFs.

Zum Kaufen, Halten und Verkaufen von Wertpapieren benötigen Sie ein Depot bei einer Bank. Darin werden die Wertpapiere verwahrt. Heutzutage gibt es zwar keine physischen Wertpapiere mehr, das Depot ist aber dennoch erforderlich, da dies ein spezielles Konto zur Verbuchung von Wertpapierbeständen und -transaktionen ist. Sie können es sich als Lagerstätte Ihrer Wertpapiere vorstellen.

Finanzen im Griff: Achten Sie auf die Kosten

Depot- und Transaktionskosten unterscheiden sich von Bank zu Bank mitunter erheblich. Die Kostenunterschiede können bis zu mehreren Tausend Euro pro Jahr betragen. Es lohnt sich, hier nicht einfach das Angebot der Hausbank in Anspruch zu nehmen.

Wie Sie das richtige Depot für Ihre Zwecke finden, haben wir im Detail in unserem „Handbuch Geldanlage" beschrieben. Die Stiftung Warentest/Finanztest führt regelmäßig Vergleiche durch, in denen die aktuell besten und kostengünstigsten Depots ermittelt werden.

Niedrig verzinste Anleihen statt negativ verzinstes Tagesgeld

Natürlich sollen Sie nicht all Ihr Geld in Aktien und Aktien-ETFs investieren. Das Risiko von Wertschwankungen und Verlusten wäre zu hoch. Das gilt auch in Zeiten höherer Inflation. Zu einem gut strukturierten Portfolio gehören auch Anlagen, mit denen Sie kalkulieren können – selbst, wenn diese nur nominalwertsicher, also nicht inflationsgeschützt sind. Statt höhere Geldbeträge jenseits der 100.000 Euro auf gering oder nicht verzinsten Konten mit Strafzinsen zu halten, können Sie auch darüber nachdenken, Anleihen von sehr bonitätsstarken Schuldnern zu kaufen. Das wären beispielsweise deutsche Bundesanleihen oder Anleihen von fast-staatlichen Emittenten wie der KfW. Diese bieten zwar keine oder fast keine Zinsen, auf das angelegte Geld werden aber keine Minuszinsen fällig, da es sich bei den Anleihen um Wertpapiere handelt. Bei hohen Anlagebeträgen fallen die Kaufkosten für die Anleihen im Vergleich zu den Strafzinsen auch kaum ins Gewicht. Werden mit den Anleihen nachhaltige Projekte finanziert (sogenannte Green-Bonds), haben Sie mit Ihrer Anlage auch noch etwas Gutes bewirkt.

Finanzen im Griff: Ihre Motivatoren

Haben Sie noch gar nicht in Aktien, Aktienfonds oder Aktien-ETFs investiert und Ihr Geld auf einem Tagesgeld geparkt, haben Sie mit Strafzinsen und Inflation ein gutes Argument, Ihre Geldanlage jetzt in die Hand zu nehmen. Freuen Sie sich auf das befreiende Gefühl, dem Finanz- oder Bankberater nicht mehr ausgeliefert zu sein und mit geringem Zeit- und Kostenaufwand Renditen zu erzielen, die die Inflation noch schlagen.

Sind Wertpapiere denn sicher?

Dass Wertpapiere andere Risiken haben als festverzinsliche Anlagen und beispielsweise im Wert stark schwanken können, wissen Sie bereits. Doch was passiert, wenn die Bank in Konkurs fällt, bei der Sie Ihr Depot führen oder wenn die

Fondsgesellschaft Ihres Fonds oder ETFs pleitegeht?

Wertpapiere sind nicht wie Spareinlagen durch gesetzliche Einlagensicherungssysteme bis 100.000 Euro vor einer Pleite der Bank gesichert. Aber Banken in der EU sind gesetzlich verpflichtet, Verbindlichkeiten aus Wertpapiergeschäften abzusichern. Hierbei handelt es sich um Gelder, die Anlegern im Zusammenhang mit Wertpapiergeschäften geschuldet werden (zum Beispiel Dividenden, Ausschüttungen, Verkaufserlöse). Dieser Schutz ist im Schadensfall pro Anleger begrenzt auf 90 % ihrer Forderungen, maximal aber nur auf 20.000 Euro.

Die Wertpapiere selbst – also zum Beispiel Aktien, Anleihen, Investmentfondsanteile – unterliegen keinem gesetzlichen Schutz im Pleitefall der Bank, bei der Anleger ihr Depot haben. Das ist grundsätzlich auch nicht nötig, denn diese Papiere stehen im Eigentum des jeweiligen Anlegers und werden von der Bank nur verwahrt. Im Insolvenzfall der Bank kann der Anleger seine Papiere herausverlangen und auf ein Depot bei einer anderen Bank übertragen.

Ein Restrisiko verbleibt allerdings: Die Wertpapiere werden heute nicht mehr physisch bei der Bank verwahrt, sondern bei einem zentralen Dienstleister verwaltet (Girosammelverwahrung). Dabei wird die Zuordnung zu einzelnen Depots und Anlegern aus technischen Gründen aufgehoben. Es könnte im schlimmsten Fall also passieren, dass eine zusammenbrechende Bank nicht mehr in der Lage wäre, alle Wertpapiere ihrer Kunden aus der Sammelverwahrung zurückzuholen. Auch im Falle eines allgemeinen großen technischen Zusammenbruchs besteht hier ein Restrisiko. Bewahren Sie daher Ihre schriftlichen Depotauszüge auf, um hier im (zwar unwahrscheinlichen) Fall der Fälle Beweise für Ihr Eigentum an Wertpapieren in den Händen zu halten.

Sollte die Investmentgesellschaft insolvent werden, also die Gesellschaft, die den Fonds oder ETF herausgibt, dann profitieren Sie davon, dass Fonds und ETFs Sondervermögen sind. Das Vermögen ist also geschützt und nicht von der Pleite der Investmentgesellschaft abhängig.

Die drei Musketiere des Inflationsschutzes: Aktien-Immobilien-Gold

Aktienbasierte Anlagen in Form von Aktien-ETFs, Immobilien (als selbstgenutzte oder vermietete Immobilie) und physisches Gold, das sind die drei Musketiere des Inflationsschutzes. Sie kennen nun schon die Funktionsweise und haben gesehen, wie Sie dort anlegen können.

Prüfen Sie bei diesen drei Anlagearten zunächst, was Sie bereits in der Vergangenheit investiert haben. Optimieren Sie dann jede Anlageklasse für sich. Trennen Sie sich zum Beispiel von teuren Verlustbringern.

Schichten Sie im Aktien-ETF Bereich so um, dass Sie eine gute Welt-Streuung haben. Wer bislang ein schönes Aktien-Depot mit Einzelwerten hatte, zukünftig aber weniger Aufwand betreiben möchte, schichtet vielleicht in ETFs um.

Nehmen Sie in der derzeitigen Lage Dividenden-ETF dazu, da Unternehmen mit kontinuierlich guter Dividende oft etwas konservativer sind.

Finanzen im Griff: Sofort einsteigen oder abwarten?

In unruhigen Börsenzeiten ist es immer ratsam, nicht alles auf einmal zu investieren. Ein Kauf in Tranchen, die Sie selbst bestimmen oder über einen größeren Sparplan, finden wir besser. Sie nehmen sich damit den Stress, den „richtigen" Moment zu erwischen. Das passiert sowieso höchstselten und ist nach unserer Erfahrung dann eher Zufall. Wenn Sie zum Beispiel 50.000 Euro in den Aktienmarkt investieren möchten, könnten Sie Sparpläne in Höhe von 2.000 Euro einrichten. Sie hätten dann nach rund zwei Jahren alles investiert. Sollte die Börse in dieser Zeit zum Beispiel 20 Prozent einbrechen, könnten Sie zusätzlich einen Einmalkauf tätigen und den Sparplan entsprechend abkürzen.

Wer ein Eigenheim hat, das einen Energetischen Booster benötigt, setzt mit einem Renovierungsplan an und steuert so der Inflation entgegen. Kümmern Sie sich hier unbedingt um die schon angesprochenen Fördermittel und günstigen Darlehenszinsen, die Sie über die KfW erhalten können.

Die Corona-Zeit hat uns eines gelehrt – Platz in der Wohnung ist ein sehr wertvolles Gut. Umgestaltungen oder gar die Suche nach grundsätzlich Home-Office tauglichen Wohnraum werden sich sicherlich langfristig in einer höheren Zufriedenheit auszahlen. Mehr Home-Office bedeutet auch meist weniger Fahrtkosten – ein Inflationsschutz ist es also obendrein.

Unsere Vermutung ist, dass sich in zehn Jahren Immobilien nur noch schwer oder mit Abschlägen verkaufen werden, wenn sie nicht energetisch tipptopp sind und über geeignete Raumkonzepte verfügen. Die Auswahl einer Immobilie muss also im Jahr 2022 und später unter ganz anderen Gesichtspunkten erfolgen als in der Vor-Corona-Zeit.

Wenn Sie sich bislang bei Gold zurückgehalten haben und das vielleicht immer für ein wenig spießig gehalten haben, führt der Ukraine-Krieg vielleicht zu einem Umdenken. Sollten Sie Gold in Form von Zertifikaten halten, tauschen Sie diese vielleicht in physisches Gold. Beachten Sie dabei direkt die zukünftig geplanten Quoten.

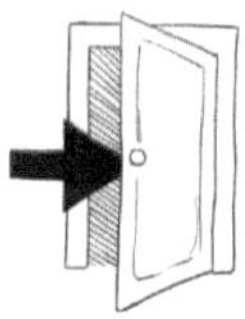

Die Teilnehmer unseres Coaching-Kurses „Finanzen im Griff“ haben nach den drei Monaten eine für sie persönlich zugeschnittene Anlageaufteilung – ihren „Kuchen“, wie wir liebevoll sagen. Alle haben ein Depot mit ETF-Sparplan und ihre (manchmal erste) Goldmünze. Bei den Immobilien benötigt man einiges an Eigenkapital, so dass dieses „Kuchenstück“ aus Ihrer Vermögensaufteilung manchmal noch fehlt oder auf Null gesetzt wird. Die Rendite, die die Mandanten über die nächsten Jahre erwarten, ist gegenüber der Ausgangslage (meist 0 oder 0,5 %) dramatisch gewachsen. Das Kursende feiern wir daher immer mit einem Gläschen Prosecco an den Bildschirm.

Die klassischen Produkte sind für die Altersvorsorge ungeeignet

Sie wissen aus dem ersten Kapitel bereits, mit welchen Einbußen Sie bei Ihrer Rente rechnen müssen. Viele Menschen in Deutschland vertrauen daher nicht auf die Rente allein, um ihren Ruhestand zu sichern. Das ist natürlich grundsätzlich gut und richtig. Viele setzen aber aus Unkenntnis häufig auf die falschen Anlageprodukte, um die Rentenlücke im Alter zu schließen oder gar Altersarmut zu vermeiden. Die von Banken und Finanzdienstleistern in der Vergangenheit und auch heute noch angebotenen Klassiker der Altersvorsoge, Kapitallebensversicherung, Private Rentenversicherung und Riester-Rente, sind nicht nur renditeschwache Produkte, sie sind auch keine geeigneten Anlagen gegen eine hohe oder steigende Inflation.

Kapitallebensversicherungen vermischen Sparen und Risikovorsorge

Kapitallebensversicherungen kombinieren ein Absicherungs- und ein Sparprodukt in einem Vertrag, nämlich eine Risikolebensversicherung und einen Sparvertrag. Stirbt die versicherte Person während der Laufzeit, zahlt die Versicherung die vereinbarte Todesfallsumme. Falls der Todesfall nicht vorher eintritt, bekommt der Versicherte am Ende der Laufzeit einen einmaligen Geldbetrag ausgezahlt.

Bis in die Anfangsjahre des 21. Jahrhunderts war die Kapitallebensversicherung der Klassiker der Altersvorsorge schlechthin. Zum 01.01.2005 wurde dieses Produkt hinsichtlich der steuerlichen Vorteile stark „beschnitten“ und verlor damit erheblich an Attraktivität. Bis heute geblieben ist eine Begünstigung für Versicherungen, die mindestens zwölf Jahre laufen und deren Laufzeitende nicht vor dem 60. Lebensjahr des Versicherungsnehmers endet. Dann wird nur die Hälfte des Ertrags besteuert.

Die Renditeerwartung ist zu gering

Die monatlich oder jährlich zu zahlenden Beiträge einer Kapitallebensversicherung werden vom Versicherungsunternehmen für drei Bestandteile verwendet.

- Der Kostenanteil wird für die Verwaltungskosten der Versicherung und Vermittlerprovisionen verwendet.
- Mit dem Risikoanteil werden die Kosten für den Risikoschutz, also insbesondere die Todesfallsumme für die Hinterbliebenen, abgedeckt.
- Der Sparanteil ist der Teil der Prämie, der vom Versicherer an den Kapitalmärkten angelegt wird. Dieser Anteil beträgt nach Expertenschätzungen im Durchschnitt 70 bis 80 % der gezahlten Prämien.

Nur der Sparanteil wird verzinst, mindestens mit dem sogenannten Garantiezins. Dies ist der Zins, der beim jeweiligen Abschluss der Versicherung vom Versicherer garantiert wird. Ebenso wie das allgemeine Zinsniveau kannte auch der Garantiezins in den letzten gut 20 Jahren nur eine Richtung: abwärts. Aktuell beträgt er nur noch 0,25 %. Von 1994 bis 1999 betrug er hingegen heute kaum noch vorstellbare 4,0 Prozent.

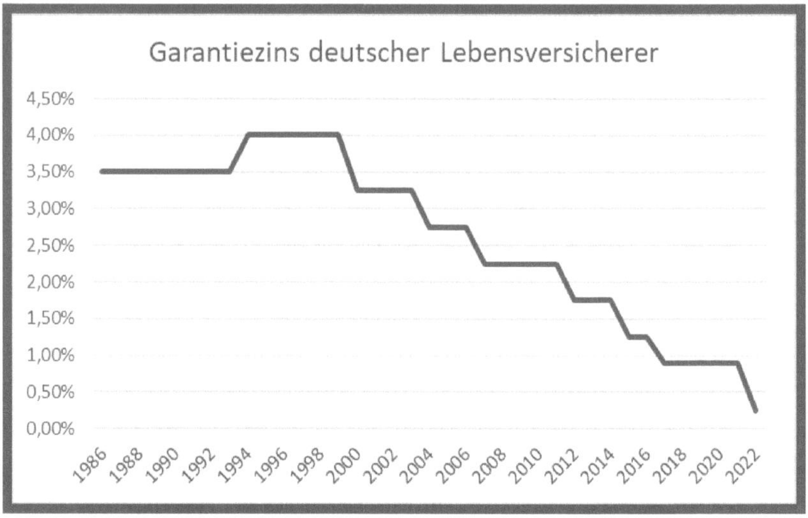

Abbildung 8: Entwicklung Garantiezins deutscher Lebensversicherer 1986 bis 2022

Darüber hinaus besteht die Chance, dass Sie als Versicherungsnehmer auch an den Überschüssen des Versicherers beteiligt werden. Die sogenannten Überschusszinsen sind aber nicht garantiert und können teilweise noch bis zum Tag der Auszahlung der Versicherung reduziert oder auch gestrichen werden. Versicherungsunternehmen können nicht hexen. Auch sie müssen das Geld der Versicherungsnehmer relativ sicher am Kapitalmarkt anlegen. Aufgrund der dort niedrigen Zinsen und der meist hohen Verwaltungskosten der Versicherer ist es kaum möglich, dass für die Versicherungsnehmer eine annehmbare Rendite erzielt wird. Die Versicherungen stehen also praktisch vor dem gleichen Problem, wie Sie auch.

Finanzen im Griff: Alte Kapitallebensversicherungen nicht einfach kündigen

Alte Verträge sind jedoch meist sehr rentabel. Wenn Sie noch eine alte Kapitallebensversicherung mit einem Garantiezins über 3 % besitzen, sollten Sie diese in der Regel bis zur Fälligkeit behalten. Sie können sie aber oftmals optimieren. Kündigen Sie die in der Regel überflüssigen Bausteine wie „Zusätzliche Todesfallsumme bei Unfalltod" und zahlen Sie jährlich statt monatlich. Das lassen sich die Versicherungen mit einem Ratenzuschlag bis zu 5 % meist sehr gut bezahlen.

Bei neueren Verträgen lohnt sich eine Fortführung meist nicht. Die Renditeerwartung ist einfach zu gering. Die bessere Alternative zur Kündigung ist meist die Beitragsfreistellung. Nach § 165 Versicherungsvertragsgesetz können Sie die Versicherung beitragsfrei stellen. Der Vertrag läuft dann bis zum Vertragsende weiter, Sie zahlen aber keine Beiträge mehr ein. Das lohnt sich oft, wenn der Vertrag nur noch wenige Monate oder Jahre läuft, da Sie dann zumindest noch die Chance auf den Schlussüberschuss haben. Eine Beitragsfreistellung ist meist erst ab einem bestimmten Rückkaufswert möglich. Schauen Sie dazu in Ihren Versicherungsvertrag. Der Rückkaufswert ist der Wert Ihres Vertrages aus Sicht des Versicherers zum Zeitpunkt der Kündigung. Dieser Wert wird Ihnen jährlich vom Versicherer mitgeteilt.

Finanzen im Griff: Rendite objektiv berechnen lassen

Wenn Sie nicht genau wissen, ob es sich lohnt, Ihren bestehenden Vertrag weiterzuführen, stillzulegen oder zu kündigen, sollten Sie sich an einen versierten Versicherungsberater oder eine Verbraucherzentrale wenden. Diese können insbesondere die Rendite berechnen, die Sie bisher mit Ihrer Police erzielt haben und welche Sie in der Zukunft erzielen können. In den meisten Fällen wird diese Berechnung für Sie sehr ernüchternd sein. Aber besser, Sie wissen, woran Sie sind und können umplanen, als viele Jahre Geld in einem unrentablen Vertrag zu versenken.

Neue Produktvariationen sind nicht empfehlenswert

In den letzten Jahren verzichten neue Lebensversicherungen auf eine hundertprozentige Beitragsgarantie. Versicherte erhalten dann möglicherweise nach vielen Jahren Laufzeit noch nicht einmal mehr ihre eingezahlten Beträge zurück. Eine sichere (und inflationssichere) Anlage sieht anders aus! Die Versicherungen versuchen diesen Nachteil als Vorteil zu verkaufen, indem sie argumentieren, dass sie dafür auch chancenreicher für ihre Kunden anlegen könnten, beispielsweise am Aktienmarkt. Wenn diese Erwartung aufginge, gäbe es zwar möglicherweise höhere Auszahlungen für Versicherte als bei den klassischen Verträgen mit Beitragsgarantie. Angesichts der hohen und versteckten Kosten für Vertrieb und Verwaltung der Kapitallebensversicherung sollten Sie dieses Produkt dennoch meiden.

Finanzen im Griff: Trennen Sie stets Sparen und Risikoschutz

Trennen sie grundsätzlich Risikoschutz und Sparvorhaben. Statt mit einer Kapitallebensversicherung können Sie den Todesfall der versicherten Person mit einer Risikolebensversicherung günstig absichern. Zum Sparen nehmen Sie dann die bereits vorgestellten und empfohlenen Produkte. Wenn Sie Kapitalanlagen mit geringen Verwaltungskosten wählen, wie beispielsweise ETFs oder Festgelder, wird Ihre Rendite immer besser sein als bei solchen Produkten, bei denen mit Ihren Beiträgen noch ein ganzer Vertriebs- und Verwaltungsapparat bezahlt werden muss wie bei Versicherungen oder geschlossenen Fonds.

Private Rentenversicherungen sind auch nicht besser

Seit 2005 werden verstärkt Rentenversicherungen von den Versicherern angeboten. Die private Rentenversicherung, wenn sie heute abgeschlossen wird, unterliegt bei Rentenzahlung im Alter (ab 60 Jahren) nur einer geringen Besteuerung. Bei einem Rentenbeginn mit 67 sind beispielsweise 17 % zu versteuern. Ob es jedoch sinnvoll ist, ein Produkt zu wählen, bei dem später nicht das Kapital auch „auf einen Schlag" ausgezahlt werden kann und bei dem überhaupt erst im Rentenalter Geld zurückfließt, sollten Sie sorgsam abwägen.

Überdenken Sie einmal diesen Fall: Falls der Begünstigte einen Monat nach Beginn der Rentenzahlung stirbt, wird die Rente bis zum Ende der vereinbarten Garantiezeit gezahlt. Hier werden in der Regel maximal zehn Jahre vereinbart, da eine längere Garantiezeit zu viel Rendite kosten würde. Die Garantiezeit kann maximal bis zum Ende der statistischen Lebenserwartung vereinbart werden. Die Rendite der Rentenversicherung wird aber erst positiv, wenn Sie je nach Versicherer 14 oder mehr Jahre eine Rente beziehen, da Ihnen ja zunächst Ihr investiertes Kapital zurückfließen muss. Letztlich ist jede Rentenversicherung somit schlicht eine Wette auf ein langes Leben. Auch hier können die Versicherer nicht zaubern. Da diese im Festzinsbereich kaum noch rentable Anlagen finden, in die sie die Gelder der Versicherten investieren können, zehren die hohen Verwaltungs- und Abschlusskosten die Rendite der Prämienzahlungen auf.

Ziehen Sie Fonds- und ETF-Sparpläne den fondsgebundenen Lebens- und Rentenversicherungen vor

Neben der klassischen deutschen Lebens- und Rentenversicherung gibt es außerdem noch die jeweils fondsgebundene Variante, auch Fondspolice genannt. Hierbei verzichten Sie auf eine Garantie und investieren in der Regel in Investmentfonds, die Sie selbst ausgewählt haben, oder Sie wählen eine gemanagte Variante. Der Versicherer garantiert bei der fondsgebundenen Lebensversicherung nur, dass der bei Laufzeitende bestehende Sparanteil an den Kunden ausgezahlt wird. Bei der fondsgebundenen Rentenversicherung verspricht er, aus dem angesparten Vermögen eine lebenslange Rente zu bezahlen. Die Höhe des Vermögens hängt dabei vor allem von der Entwicklung der Fonds ab, in die die

Versicherungsprämien eingezahlt werden.

Aber auch bei diesen Produkten sind die hohen Kosten das Hauptproblem. Denn der hinter dem Produkt stehende Versicherungsapparat will ja gut bezahlt sein. Und das kann Sie als Versicherten schnell viele Tausend Euro kosten. In Tests der Stiftung Warentest schneiden daher regelmäßig nur sehr wenige Angebote gut ab. Wenn Sie eine Fondspolice wählen, die in kostengünstige ETFs investiert, sieht es noch etwas besser aus als bei teuren gemanagten Fonds. Aber noch besser ist es, wenn Sie folgenden Tipp beherzigen:

Finanzen im Griff: Besser auf ETF-Sparpläne setzen

Fonds- oder ETF-Sparpläne sind wesentlich günstiger als Fondspolicen. Wenn Sie Sparplan-Angebote bei einer Direktbank wählen, bei denen keine Kaufkosten anfallen, erhöhen Sie die Renditechancen noch zusätzlich. Ein weiterer Vorteil: Sparpläne sind wesentlich flexibler als Fondspolicen. Sie können Sparpläne jederzeit aussetzen oder den Sparbetrag verringern oder erhöhen. Müssen Sie bei einer Fondspolice im Laufe der Zeit die Beiträge herabsetzen, schlagen die bereits gezahlten Abschlusskosten prozentual besonders stark zu Buche. Bei einer Kündigung der Fondspolice können steuerliche Vorteile verloren gehen.

Riester – ein Ladenhüter

Mit der sogenannten Riester-Rente sollte die selbstverantwortliche Altersvorsorge der Bürger gefördert werden. Dabei handelt es sich um eine vom Staat geförderte, privat finanzierte Rente. Sie kann unter anderem als Fondsparplan, Banksparplan oder Rentenversicherung abgeschlossen werden und der Sparer erhält im Alter eine lebenslange Zusatzrente, die allerdings voll steuerpflichtig ist.

Die Riester-Förderung erfolgt zum einen als Zulage, die direkt in den Vertrag fließt. Die Sparleistung wird mit einer Grundzulage von 175 Euro jährlich gefördert. Für jedes Kind, für das man Kindergeld erhält, gibt es weitere 185 Euro pro Jahr. Bei nach 2007 geborenen Kindern sind es 300 Euro. Außerdem können die gezahlten Beiträge und die ausgezahlten Zulagen als Sonderausgaben bei der Steuererklärung abgezogen werden. Die volle Zulagenförderung erhält man bei einer Investition von 4 % - maximal 2.300 Euro - des Vorjahresbruttoeinkommens (abzüglich der den Sparern zustehenden Zulagen) in einen zertifizierten Altersvorsorgevertrag.

Der Gesetzgeber schreibt eine 100-prozentige Beitragsgarantie vor, die die Anbieter zwingt, mindestens die Höhe der eingezahlten Beträge sowie die staatlichen Förderzulagen als Auszahlung zu garantieren.

Gerade Riester-Lebensversicherungen sind unattraktiv geworden: In Zeiten eines Garantiezinses von 0,25 % ist das Produkt Riester-Rente aufgrund der Verwaltungs- und Abschlusskosten sowohl für Versicherer als auch für die Versicherten unprofitabel. Uns fällt immer auf, dass die Höhe der jährlichen Kosten oftmals genauso hoch ist, wie die gutgeschriebenen Zulagen – ein Schelm, wer Böses dabei denkt.

Ein Inflations- und Kaufkraftschutz kann mit einem solchen Produkt, bei dem am Ende nur die eingezahlten Beiträge herauskommen, nicht erreicht werden. Schon viele Versicherungen haben sich mittlerweile aus dem Riester-Geschäft zurückgezogen und bieten dieses Produkt für Neukunden nicht mehr an.

Wer noch einen alten Vertrag mit höheren Garantiezinsen hat, sollte prüfen, ob er diesen noch weiterführt.

Doch auch Fonds-Riester-Anbieter stellen das Neugeschäft ein. Die Garantien sind offenbar zu aufwendig darzustellen.

Neuabschlüsse lohnen sich mit wenigen Ausnahmen nicht mehr. Die Zulagen müssen so hoch sein, dass sie die Kosten bei weitem übersteigen – sie sind praktisch die Rendite des Vertrages.

Finanzen im Griff: Für Ehegatten mit Kindern kann sich Riester noch lohnen

Manchmal ist eine Riester-Rente jedoch wie ein 100-Euro-Schein, der auf der Straße liegt. Nehmen wir eine Mutter, die im Teilzeitjob im Jahr 20.000 Euro verdient. Sie hat zwei kleine Kinder. Als Zulagen erhält sie für sich selbst 175 Euro und pro Kind 300 Euro – also 775 Euro pro Jahr. Ihre Einzahlsumme für die volle Förderung beträgt 4 % von 20.000 Euro, also 800 Euro. Davon darf sie noch die Zulagen abziehen. Es verbleiben 25 Euro. Die Mindestsparrate bei

Riester-Verträgen liegt jedoch bei 60 Euro pro Jahr. Sie überweist folglich 60 Euro und erhält 775 Euro vom Staat dazu. Wählt sie einen Banksparplan, der zwar keine Rendite, aber auch keine Kosten hat, ist das dennoch Geld, dass sie „mitnehmen" sollte.

Nehmen Sie steigenden Rohstoffpreisen die Spitzen

Sie sind steigenden Preisen nicht schutzlos ausgeliefert, wie Sie in den vergangenen Kapiteln bereits erfahren haben. Und wenn Sie schon beim Einkaufen, Tanken und Heizen mehr bezahlen müssen, könnten Sie genauso auch an steigenden Preisen verdienen.

Mit Rohstoff-ETFs Geld verdienen

Es gibt verschiedene Indizes, die die Entwicklung der verschiedenen Rohstoffklassen (Energie, Industriemetalle, Edelmetalle und Agrargüter) widerspiegeln, wie zum Beispiel der S&P GSCI Commodity Index oder der Rogers International Commodity Index (RICI). Zu diesen Indizes gibt es auch ETFs, in die Sie investieren können. Sie können in breite Rohstoffindizes investieren aber auch in Teilbereiche, wie zum Beispiel Energie.

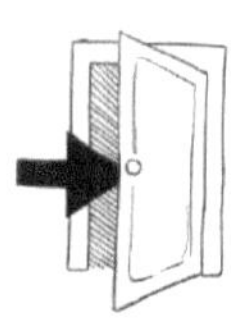

Details zu Rohstoff-ETFs und wie Sie den passenden Rohstofffonds für sich finden, haben wir im „Handbuch Geldanlage" der Stiftung Warentest beschrieben. Nach unserer Erfahrung sind Rohstoffanlagen auf breite Körbe keine Anlage „für die Ewigkeit“, sondern eher für die kurz- bis mittelfristige Anlage geeignet, um auf bestimmte Trends zu setzen.

Mit Zertifikaten Heizkostensteigerungen abfedern

Keine Frage, irgendwie müssen Sie im Winter Ihre Wohnung oder Ihr Haus warm bekommen. Wenn Sie noch nicht mit erneuerbaren Energien wie einer Wärmepumpe samt Photovoltaik-Anlage ausgestattet sind, dann checken Sie jetzt Ihren bisherigen jährlichen Wärmeverbrauch. Ziel ist es, diesen so abzusichern, dass Sie in ungefähr der Höhe profitieren, in der Sie Preissteigerungen erwarten können – für ein Jahr oder gleich für mehrere. Das können Sie zum Beispiel über Öl- und Gas-Zertifikate.

Zertifikate bilden in ihrer reinsten Form die Wertentwicklung von Basiswerten nach. Es gibt sie in den unterschiedlichsten Ausgestaltungen. Und sie sind nicht ohne Risiko. Wird der Emittent (Herausgeber) des Zertifikats insolvent, wird das Zertifikat grundsätzlich auch wertlos. Das hat man bei der Pleite der Lehman-Bank und der von dieser begebenen Zertifikate gesehen. Mit Zertifikaten können Sie sich gegen steigende Öl- oder Gaspreise absichern oder „hedgen“, wie man in der Fachsprache sagt. Grob gesagt steigt der Wert des Zertifikates, wenn auch der Wert des Basiswerts (zum Beispiel Erdöl) steigt. Wenn Sie also eine Ölheizung haben, könnten Sie mit Gewinnen aus dem Zertifikat steigende Ölpreise für Ihre Heizung abfedern.

Mit (nachhaltigen) Unternehmen aus einzelnen Branchen verdienen

Wenn Sie speziell bei Nahrungs- und Lebensmitteln weitere Preissteigerungen erwarten, könnten Sie zum Beispiel auf

Aktienfonds und ETFs setzen, die auf Unternehmen aus diesen Branchen spezialisiert sind (sog. Branchenfonds oder Branchen-ETFs). ETFs auf Nahrungs- und Lebensmittelindizes tragen meist die englische Bezeichnung „food and beverage“ im Namen. Auch ETFs zum Thema „Ernährung der Zukunft“ gibt es am Markt, wenn Sie Wert auf die Berücksichtigung sozialer und nachhaltiger Aspekte legen. Wir denken, Sie haben das Prinzip verstanden, wie man interessante Anlagemöglichkeiten in besonderen Situationen finden kann. Sie können es auch auf andere Branchen ausdehnen. Es gibt mitunter eine riesige Auswahl an Branchen-Indizes und ETFs dazu. Von Automobilen, Einzelhandel, Freizeit, Technologie bis zu Umweltthemen, um nur eine kleine Auswahl zu nennen.

Beachten Sie aber: Sie investieren mit ETFs in Unternehmen. Deren Entwicklung unterliegt natürlich auch Risiken. Nur weil der Preis für ein Nahrungsmittel steigt, muss nicht zwangsläufig auch der Wert eines Unternehmens steigen, das in dieser Branche tätig ist. Weitere Faktoren wie die Güte des Managements, die allgemeine Börsenstimmung und vieles mehr wirken sich ebenfalls auf den Aktienkurs aus.

Finanzen im Griff: Nachhaltigkeit wird Trumpf

Ökologische und soziale Aspekte sowie die Berücksichtigung von fairer Unternehmensführung spielen für viele Anleger eine immer größere Rolle. Auf der Pariser Klimakonferenz 2015 haben 197 Staaten beschlossen, die globale Erwärmung auf deutlich unter 2 Grad Celsius zu begrenzen. Dazu sollen unter anderem Anlegergelder gezielt in Unternehmen gelenkt werden, die bei ihrem Wirtschaften auch Nachhaltigkeitskriterien berücksichtigen. Achten Sie auf ETF mit den Kürzeln ESG oder SRI im Namen, wenn Sie nachhaltige Varianten von Anlagethemen suchen.

Und zum Schluss: Inflation - Gekommen, um zu bleiben?

Ja, vielleicht müssen wir uns für eine ganze Weile auf eine höhere Inflationsrate einstellen. Wer sich mit seinen Anlagen nicht neu ausrichtet und große oder kleine Anpassungen vornimmt, der wird in den kommenden Monaten und vielleicht Jahren viel Geld verlieren. Wer jedes Jahr fünf Prozent Inflationsverlust einsteckt, hat nach 10 Jahren über den Daumen gerechnet rund 38 % der Kaufkraft verloren.

Sich auf den Bank- oder Versicherungsberater zu verlassen oder auf die gesetzliche Rente zu hoffen, ist auch nicht zielführend. Produkte mit hohen Kosten sollten den Weg in Ihr Anlage-Portfolio nicht finden.

Selbst die Verantwortung zu übernehmen, die Grundbegriffe der Geldanlage verstehen und ganz gezielte Inflationsschutzmaßnahmen zu erarbeiten – das ist das Gebot der Stunde. Für jeden von Ihnen. Wir hoffen, dass wir Sie mit diesem Buch unterstützen konnten. Mit vielen Buchtipps und Veranstaltungshinweisen haben wir Ihnen gleich weitere Wege gezeigt, so dass es für ein Zögern bei der Umsetzung keine Ausreden mehr gibt.

Wir wünschen Ihnen viel Erfolg mit Ihren Geldanlagen.

Ihre

Markus und Stefanie Kühn

Bonus-Material – Ein Essay zum Ukraine-Krieg und den Ölpreiskrisen der 1970er-Jahre

Der Ukraine-Krieg hat dazu geführt, dass ein Umdenken bei der deutschen Regierung und vermutlich großen Teilen der Bevölkerung stattgefunden hat. Ein Staat oder eine Staatengemeinschaft wie die EU, die ihre Werte und Freiheiten behalten will, muss auch in der Lage sein, diese zu verteidigen. Wir werden vermutlich eine Wiederbelebung des Kalten Krieges zwischen der Nato und Russland sehen, wobei sich noch zeigen wird, welche Rolle der neue große Global Player China einnehmen wird.

Hier soll es jedoch nicht um die geopolitischen, sondern um die weiteren wirtschaftlichen Folgen gehen, die die derzeitige Gemengelage aus Corona-Pandemie, Ukraine-Krieg, Staatschuldenkrisen und Inflation haben könnte.

Wenn wir Sie bis hierher nicht überzeugen konnten, dass es sich lohnt, sich um seine Finanzen zu kümmern und bei der Geldanlage die Faktoren Rendite und Inflation nicht zu vernachlässigen, dann möchten wir Ihnen mit diesem Kapitel noch ein paar Denkanstöße geben. Wir hoffen nicht, dass alle möglichen Szenarien eintreten, können sie aber auch nicht ausschließen. Grundsätzlich sehen wir immer optimistisch in die Zukunft. Wir denken aber auch, dass man bessere Entscheidungen treffen kann, wenn man verschiedene Negativ-Szenarien durchdacht hat. Hier lohnt unseres Erachtens auch ein Vergleich mit den Ölkrisen der 1970er-Jahren.

Corona und die Auswirkungen auf die Inflation

Corona führte, wie in diesem Buch beschrieben, dazu, dass von Seiten der Staaten und Notenbanken mittels Hilfsprogrammen, Anleihenkäufen und Nullzinspolitik viel Liquidität in die Märkte geschleust wurde. Soweit dieses Geld bei den Menschen ankam, konnten diese es aber gar nicht wieder in den Wirtschaftskreislauf einbringen. Geschäfte, Restaurants und Kulturbetriebe waren wegen Lockdowns geschlossen oder zugangsbeschränkt, Urlaubsreisen waren nicht möglich oder die Menschen blieben sicherheitshalber zu Hause.

Als nach dem Ende der meisten Coronabeschränkungen das gehortete Geld (theoretisch) wieder ausgegeben werden konnte, gab es das Problem, dass viele Firmen aufgrund von Lieferengpässen und Materialmangel nicht zeitnah produzieren konnten oder die Produktion einstellen mussten. Im August 2021 berichteten rund 70 % aller befragten Unternehmen im Verarbeitenden Gewerbe von Lieferengpässen bei Vorprodukten[4]. Zum Vergleich: In den vergangenen 30 Jahren waren nur dreimal Höchstwerte von um die 20 % ermittelt worden. Lager sind häufig leer, Konsumenten müssen mit langen Lieferzeiten rechnen. Das Abflauen der Corona-Pandemie Anfang 2022 führte durch die Kombination aus neuer Kauflust, Liquiditätsschwemme und Materialengpässen zu einem deutlichen Anstieg der Inflation.

Ukraine-Krieg verhindert Normalisierung

Viele Experten, insbesondere die Europäische Zentralbank, gingen davon aus, dass die gestiegene Inflation des Jahres

---

4 https://www.ifo.de/publikationen/2021/aufsatz-zeitschrift/materialengpaesse-der-industrie-wer-ist-betroffen-und-wie

2021 nur vorläufig war. Insbesondere erwartete man, dass die Energiepreise, die ein Haupttreiber der derzeitigen Inflation sind, nach dem Auflösen der coronabedingten Lieferengpässe wieder zurückgehen.

Diesem Wunschdenken machte jedoch der Ukraine-Krieg einen Strich durch die Rechnung, wie beispielsweise die Entwicklung des Ölpreises zeigt. Anfang 2021 kostete ein Barrel der Erdölsorte Brent um die 50 US-Dollar, Anfang 2022 um die 80 US-Dollar, zehn Tage nach Kriegs-Beginn bereits um die 130 Dollar. Es gab also mehr als eine Verdopplung des Preises seit 2021.

Da denkt man zurück an die Bilder der leeren Autobahnen in den 1970er-Jahren. Seinerzeit wurden autofreie Sonntage als Reaktion auf stark steigende Ölpreise eingeführt. Zwischen 1970 und 1980 stieg der durchschnittliche Ölpreis von 1,21 Dollar auf 35,52 Dollar.[5] Die wirtschaftlichen Folgen waren dramatisch. Unternehmen mussten angesichts der steigenden Preise ihren Verbrauch und ihre Produktion verringern. Die Preise und damit die Inflation stiegen deutlich an, in der Spitze bis über 7 % im Jahr 1973.

5 https://de.statista.com/statistik/daten/studie/810/umfrage/rohoelpreisentwicklung-opec-seit-1960/

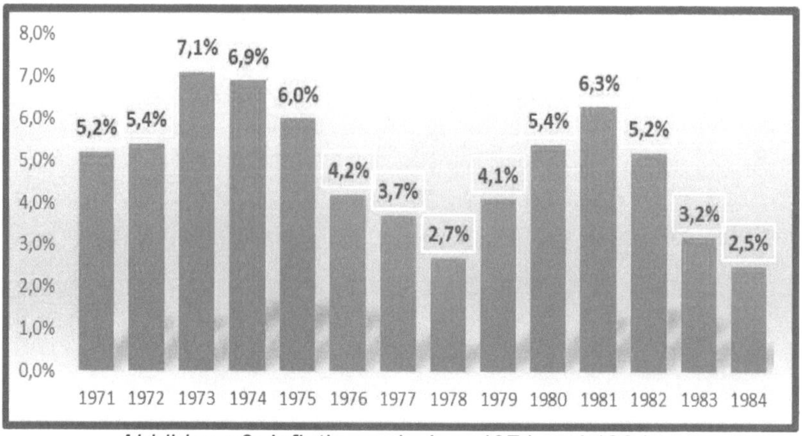

Abbildung 9: Inflation zwischen 1971 und 1984

Um die Preissteigerungen bei den Arbeitnehmern auszugleichen, setzten Gewerkschaften Lohnerhöhungen von teilweise über 10 % durch, eine Lohn-Preis-Spirale setzte ein. Die Wirtschaft in Deutschland und auch weltweit schwächelte, die Arbeitslosigkeit stieg. Steigende Inflation und Wachstumsschwäche führten in die gefürchtete „Stagflation". In den USA zog die Notenbank die Reißleine und erhöhte den Leitzins bis auf 17 bis 18 %, kurzzeitig sogar 20 %. Damit wurde die Inflation sozusagen mit dem Vorschlaghammer beendet. Denn höhere Zinsen führen dazu, dass es einerseits teurer für Unternehmen und Privatleute wird, Geld aufzunehmen und zu investieren. Andererseits motiviert es zum Sparen. Wenn mehr gespart und weniger ausgegeben wird, verlangsamt dies das Wirtschaftswachstum und damit auch die Inflation. Die Ölkrise und die Zinserhöhungen führten die USA und die westliche Welt in eine Rezession. In Deutschland stieg die Arbeitslosenquote zwischen 1980 und 1985 von 3,8 % auf 9,3 %.[6]

6 https://de.statista.com/statistik/daten/studie/1127090/umfrage/arbeitslosenquote-der-bundesrepublik-deutschland/

Das Dilemma: Staatspleiten oder Inflation

Heute könnte uns eine ähnliche Situation wie Ende der 1970er-/Anfang der 1980er Jahre drohen. Die Energiepreise werden aufgrund des (teilweisen?) Wegfalls von Russland als Öl- und Gaslieferant vermutlich weiter steigen oder sich auf einem hohen Level einpendeln. Dazu kommt, dass Deutschland und die EU noch lange für den Umstieg auf nachhaltige Energien brauchen werden. Dass Deutschland neben den fossilen Energieträgern aus Russland anders als andere EU-Länder, wie beispielsweise Frankreich, auch auf Atomkraft verzichten will, ist ethisch und moralisch sehr ehrenwert. Die deutsche Wirtschaft und ihre Unternehmen wird es allerdings vor gehörige Probleme stellen.

Wenn die Inflation weiter steigt, kann die Europäische Zentralbank aber nicht einfach die Leitzinsen erhöhen. Dies würde zu einem Staatsbankrott der hochverschuldeten EU-(Süd)Staaten führen. Hier ist die EZB in einer besonderen Zwickmühle. Denn die US-Notenbank beginnt bereits mit Zinserhöhungen. Wenn der Zinsunterschied zwischen Europa und den USA aber größer wird, werden Investoren ihr Geld vermehrt aus dem Euroraum abziehen und im US-Dollar, beispielsweise in US-Staatsanleihen, anlegen. Das wiederum führt dazu, dass der Euro gegenüber dem US-Dollar abwertet. Dadurch steigen im Euroraum die Importpreise, da mehr Euros für in US-Dollar gehandelte Rohstoffe und Vorprodukte gezahlt werden müssen. Auch dies könnte die Inflation anheizen.

Für Deutschland als Exportland ist ein günstiger Euro zwar grundsätzlich vorteilhaft, weil Exporteure höhere Europreise verlangen können. Mit Blick auf die Inflation gilt das aber nur, wenn es nicht zu Folgeeffekten kommt, wie beispielsweise Lohnsteigerungen, um die gestiegenen Importpreise für die Arbeitnehmer auszugleichen.

Ein Blick in die Zukunft

Das hohe Risiko-Potenzial durch die Ukraine-Krise ist derzeit nicht wegzudiskutieren. Doch schauen wir auf die positiven Seiten und auf das, was heute anders ist als in den 70er Jahren. Damals war von erneuerbaren Energien noch kaum die Rede. Zwar stieß Alexandre Edmond Becquerel bereits 1839 auf den photoelektrischen Effekt, aber erst der Störfall im Atomkraftwerk bei Harrisburg, USA Ende März 1979 und die Ölkrise im Herbst 1979 führten zu weiteren Verbesserungen der Technologie und ab den 80er Jahren schließlich auch zu vermehrtem Einsatz von Photovoltaik. Auch damals war es also ein externer Schock, der erneuerbaren Energien Aufwind brachte. Doch waren die Möglichkeiten damals längst nicht so weit, wie heute. Im 21. Jahrhundert können wir technische Lösungen für Alternativen bieten.

Das neue Zusammenstehen in Europa ist möglicherweise auch eine Blaupause für die Zukunft. Vielleicht verlieren wir uns nicht mehr im Klein-Klein der Wichtigtuerei, sondern bringen ein erstarktes Europa hervor, dass sich in der Weltwirtschaft besser behaupten kann.

Bereits aus der Corona-Krise haben viele Unternehmen Lehren gezogen und planen, Fertigungen wieder nach Deutschland oder Europa zu holen. Lager sind derzeit gefragt wie nie am Immobilienmarkt. Auch wenn das Produkte kurzfristig verteuert, wird es langfristig für Stabilität in Europa sorgen.

Möglicherweise sehen wir in den kommenden Jahren heute noch ganz unvorstellbar schnelle Genehmigungsverfahren für Flüssiggastanks, das Fallen der 10H-Regelung in Bayern, das Hervorholen längst gefundener Innovationen für regenerative Energien und jene in „normalen“ Zeiten unvorstellbare Dynamik in einer veränderten, hoffentlich friedlicheren Welt.

Bis dahin lassen Sie uns zuversichtlich bleiben,

Ihre

Markus und Stefanie Kühn

Danke

Wir danken Ihnen, die Sie dieses Buch gekauft und gelesen haben.

Unseren Mandanten und Kursteilnehmern danken wir für ihre Fragen, die uns stets ein ganz anderes „am Puls der Zeit“ als über Presse und Fortbildung ermöglichen. Wir kennen Ihre Sorgen. Unseren Lesern unseres monatlichen kostenfreien Newsletters danken wir ebenso für Feedback und Anregungen.

Mit zahlreichen Kollegen aus der Finanzbranche und Mandanten in Leitungsfunktionen haben wir in den letzten Wochen gesprochen. Von Ihnen allen sind hier Eindrücke eingeflossen.

Die Icon-Zeichnungen und die Porträts von uns in diesem Buch hat die junge Künstlerin Jasmin Ringer aus Grafing bei München gezeichnet. Wir finden es fantastisch, wenn jemand sein Talent nutzt. Neben unserer nun „geschäftlichen“ Beziehung wird uns immer unsere Liebe zu Hühnern verbinden.

Und last but not least danken wir unseren drei Kindern. Ihre Diskussionsfreude bei aktuellen Themen bringt uns dazu, immer neu die aktuellen Gegebenheiten zu überdenken. Ohne unsere beiden „Veganitäten“ hätten wir uns zum Beispiel nie so früh mit Unternehmen aus der neuen Nahrungswelt beschäftigt. In einem Buch steckt also immer eine gehörige Portion von fünf Kühns.

P.S.: Als kleines Dankeschön können Sie sich unter www.finanzen-im-griff.net unsere 13 goldenen Regeln herunterladen.

Abbildungsverzeichnis

Mehr von den Autoren

Stefanie und Markus Kühn beraten schon seit über 23 Jahren Mandanten in allen Fragen rund um das Thema Finanzen. Sie beraten ausschließlich auf Honorarbasis und sind damit völlig unabhängig von Provisionsinteressen oder Produktvorgaben. In persönlichen Online-Coaching-Kursen zeigen sie den Teilnehmern, wie diese ihre Finanzen selbst in den Griff bekommen und managen. Sie sind Autoren verschiedener Finanz-Bestseller und werden regelmäßig unter den besten Finanzberatern Deutschlands verzeichnet. Stefanie Kühn ist Diplom-Wirtschaftsingenieurin. Markus Kühn ist Rechtsanwalt und Testamentsvollstrecker (EBS). Beide sind Finanzfachwirt (FH), Certified Financial Planner und geprüfte private Finanzplaner nach DIN ISO 22222:2005.

In nur drei Monaten werden auch Sie Ihre Finanzen im Griff haben!

An sechs Abenden lernen Sie in persönlichen Zoom-Calls alles, was Sie wissen müssen, um Ihre Finanzen im Griff zu haben. Wir besprechen alle wichtigen Themen rund um die persönliche Geldanlage und Altersvorsorge. Keine Frage bleibt unbeantwortet!

Was noch alles zum **Coaching-Paket „Finanzen im Griff“** gehört und wie auch Sie daran teilnehmen können, erfahren Sie unter https://finanzen-im-griff.net/coaching-kurs/

Weitere Bücher und Bestseller von Stefanie und Markus Kühn finden Sie hier:

https://www.private-finanzplanung-kuehn.de/unsere-buecher

Zum Beispiel:

Handbuch Geldanlage (3., aktualisierte Aufl.), Verlag: Stiftung Warentest,) ISBN: 978-3868512816

Ihr Start in die finanzielle Freiheit, Verlag: Gabal, ISBN: 978-3-96739061-2

Geldanlage für Anfänger (2. Aufl.), Verlag: Stiftung Warentest, ISBN: 978-3-7471-0453-8

Clever Money mit Silvi

Die Tochter der Autoren Silvia Kühn erklärt vor allem jungen Menschen auf Ihrem **YouTube-Kanal „Clever Money“** alles rund um das Thema Finanzen. Von Aktien-ETF bis Verdienstmöglichkeiten für Schüler und Studenten.

https://t2m.io/uAc0gJPK

Über die Künstlerin

Jasmin Ringer ist eine junge Künstlerin aus der Nähe Münchens, die sich auf realistische Ölmalerei, Bleistiftzeichnungen und Illustrationen spezialisiert hat. Sie studiert Psychologie. Wenn Ihnen ihre Arbeit gefällt, abonnieren Sie Ihren Instagram-Account jasmin.ringer. Sie gibt hier immer spannende Einblicke in ihre Projekte. Für Aufträge (sowohl für Illustrationen als auch für Portraits oder andere persönliche Motive) können Sie sie auch per Mail kontaktieren: jasmin.ringer3@gmail.com .

Printed in Poland
by Amazon Fulfillment
Poland Sp. z o.o., Wrocław

90344872R00060